顧客目線で考える
投信販売コンサルティングのきほん

ゆうちょ銀行
青山直子 著

経済法令研究会

はじめに

　社会の変化によって、公的な社会保障をベースとしながらも、加えて、国民一人ひとりの自助努力も求められることが、わが国でも徐々に明らかになってきました。投資信託という制度・金融商品への信認なくして、多くの方の資産を育て、守っていくことは、容易ではないと思います。

　投資理論は、社会科学の専門分野の中でも高度なものであると言われています。加えて、経済、市場環境などの変化のなかで、新たな見方が重ねられていきます。そのようななか、わが国の多くの方々に投資を身近に感じていただき、投資信託への信認の向上、そして投信販売を通じて家計に貢献するために、投信販売に携わる私たちが「基本」として、避けずに認識しておくべきことは何か、考えてみたのが本書です。

　本書のタイトルは、「基本」をあえて「きほん」としました。難しいと感じることも、まずは、原理とする考え方などを共感していただけるようにという思いで、ひらがなで表してみました。

　本書で目指したのは、日々お客さまに接しながら、投資信託の理解の仕方に悩まれている方々、投資信託によるコンサルティングとは一体何をしたら良いのか苦慮されている方のパートナーとなり得る一書となることです。それから、販売の現場からは離れたところで投資信託業務に携わっていらっしゃる多くの方々に、販売の場に思いを馳せていただくきっかけとして利用していただけることも考えながらまとめました。投信販売のあり方の、肯定も反省も、お客さまに接する場に、その教科書があると思います。そんな思いを、少々かたい表現ではありますが、「顧客目線で考える」というタイトル名に託しました。

　本書の内容をご案内いたします。PART 1 から PART 6 の全6章からなります。

　PART 1 では、まず、投資信託の商品性を紹介しています。現在の制度や、また、なぜその制度にいたったのかなどについてまとめました。

　PART 2 では、コンサルティングを行う前に、知っておいていただきたい「きほん」となることを整理しました。ちょっとかたく感じられる算式や理論を紹介しています。たとえ計算までしなくても、算式が求めようとしていることや性質、また、理論を身近に感じていただけるよう、理論が誕生した背景や、ちょっとしたエピソードも盛り込みました。そんな部分だけ拾い読んでいただいても充分です。もしできれば、電卓で一緒に計算してみてください。

　PART 3 は、本書の中心となる章です。投信販売コンサルティングの方法は、一様ではないと思っています。そのなかでも、様々なお客さまに対応するバリエーション

を考えるうえで、ベースとなり得る考え方やプロセスをまとめました。

　PART 4では、ライフプランニングとは何をすることなのか、その効果は何なのか、についてまとめました。投信販売コンサルティングを行うにあたって、まずお客さまとお話しするのはライフプランについてです。いわゆる「話法」は、お客さまによって、また、販売を担当する皆さまそれぞれ異なるでしょう。それだけに、ライフプランニングの土台となる考え方の1つをまとめています。

　PART 5は、少々かたいタイトルです。「金融リテラシー」。お客さまに、ご自身に合った資産形成、資産運用を行っていただくために、知っていただきたいことをまとめました。ただ、ここで整理したことは、投信販売を通じてお客さまにご説明するなかで、私たちがご案内できることです。そういう意味では、PART 1からPART 4までのおさらいでもあります。

　PART 6は、本書のまとめとして、家計における投資信託の魅力、そして投資信託が果たすことのできる役割とそのとらえ方について説明しております。

　また、各PARTごとに、関連したコラムを、ちょっとしたインフォメーションとして掲載しています。PARTの合間のブレイクとして、是非、ご活用ください。

　解説部分はそれぞれ独立していますので、ご興味ある事項だけをお読みいただくこともできます。途中、もし、難しく感じてしまわれることがあったら、実は、そこに、お客さまにわかりやすくご説明するためのコツがあるのかもしれません。お客さまとの会話をスムーズに行うヒントを見つけていただくことができますので、初めは読み飛ばしていただいても、二度目や三度目にはお目通しくだされば思います。

　本書は、ある銀行の支店を舞台としたお話を展開しながら解説をすすめていきます。「Scene」としましたのは、そんな「お話」の部分です。解説への導入ではありますが、各Sceneだけ順にお読みいただいても、投資信託や投信販売コンサルティングについて整理する観点のご参考にしていただけるようにと思って書きました。本書では、特にコンプライアンスや倫理について言及した章は設けませんでしたが、各Sceneで登場する人々の姿勢から、「すべてはお客さまのため」に立脚していることを感じとっていただければ幸いです。Sceneは1から21まであります。

　では、どうぞ、楽しみながら、ご覧ください。

青山直子

顧客目線で考える
投信販売コンサルティングのきほん

目次

●Scene 1　今年もインストラクター役!?……………………………………… 7
お客さまのライフプランと投信販売をどう考えるか

PART 1
投資信託とは…

1. **投信販売の環境** ……………………………………………………………… 12
   投信販売におけるニーズとは／ライフプランニングと投資の重要性
2. **投資信託の合理性** …………………………………………………………… 14
   ●Scene 2　指導の始まり………………………………………………… 14
   投資信託の原点―「共同投資スキーム」―／投資信託の更なる特徴
3. **投資信託の商品性** …………………………………………………………… 20
   ●Scene 3　オープンの反対はクローズ!?……………………………… 20
   オープンエンド型とクローズドエンド型／契約型と会社型
   ●Scene 4　"レキダン"としてはたまらない………………………… 28
   単位型と追加型／公募と私募／委託者指図型投資信託と委託者非指図型投資信託
   ●Scene 5　契約型の契約?……………………………………………… 31
   ●Scene 6　運用のタイプって?………………………………………… 34
   運用スタイルの違い／インデックスファンド／インデックスファンドの留意点
   ●Scene 7　アクティブファンドが果たす役割?……………………… 39
   市場を良くする機能
   ●Scene 8　違いがわからないってことは、良さもわからない!?…… 42
   バランスファンド〜資産の分散の効果／バランスファンドの資産配分を調整する機能／米国と日本の個人投資／ファミリーファンド、ファンド・オブ・ファンズ／ファンド・オブ・ファンズの特長／ファミリーファンドとファンド・オブ・ファンズの違い
   ●Scene 9　たくさんあって選べない!?………………………………… 51
4. **投資信託の費用** ……………………………………………………………… 53
   ●Scene 10　投資信託の"導管"って?………………………………… 53
   税制／NISA（少額投資非課税制度）
   ●Scene 11　「費用」と「報酬」って誰が払うもの?………………… 55
   運用管理費用（信託報酬）／運用管理費用（信託報酬）の計上／販売手数料

PART2
コンサルティングの前に…

1. 投資の基本 …………………………………………………………… 68
- ●Scene 12　初めてのランチ ……………………………………… 68
  リスクとリターン
- ●Scene 13　"リスクあるなぁ" ……………………………………… 72
  標準偏差の計算／資産間の相関／金融危機と相関
- ●Scene 14　野球は何人でやるの？ ……………………………… 82
  ベータ（β）とは

2. ファンドの評価 ………………………………………………………… 85
- ●Scene 15　早く独り立ちしてほしいの ………………………… 85
  定量評価と定性評価／ファンドの評価～5つのP／定性評価～運用会社を評価する観点／定量評価

PART3
投信販売におけるコンサルティングとは…

1. コンサルティングとは ………………………………………………… 98
- ●Scene 16　コンサルティングの常識って？ …………………… 98
  有効フロンティアとは／「ポートフォリオ」と「ポートフォリオ理論」／コンサルティングのプロセス

2. コンサルティングスキルとは ……………………………………… 107
- ●Scene 17　外務員試験に見事合格！ ………………………… 108
  お客さまとの信頼関係構築のために／お客さまに共感するためには

PART4
ライフプランニングとは…

- ●Scene 18　お客さまはさまざま ………………………………… 118
  ライフプランニングは必要なもの…？／ライフプランニングの目的／ライフプランを立てる／ライフプランニングの効果

PART5
金融リテラシーとは…

- ●Scene19　厚くん、ついに窓口デビュー!? …………………… 132
  金融リテラシーを身に付ける前に／お客さまにも知っていただきたいこと～6つの観点

PART6
家計における投資信託の魅力

- Scene20　今度はお客さまにご説明できた！ ……………………………… 160
- Scene21　えっ、たまきさんが!? …………………………………………… 166

Column ①	投資信託の原点　62
Column ②	「ミューチュアル・ファンド」の語源　63
Column ③	ナインキー・クエスチョンズ　64
Column ④	ある青年の14ページの論文「ポートフォリオ・セレクション」　95
Column ⑤	投資家の選好度　115
Column ⑥	24時間時計　130
Column ⑦	お客さまに"気づいて"いただく声かけ　154
Column ⑧	『一に○○、二に○○、三に○○』　155
Column ⑨	行動ファイナンスと自動積立投資　157
Column ⑩	「限界」「思い込み」を超えるには　178

◆カバーおよび本文イラスト
さかちさと（asterisk-agency）

Scene 1 | 今年もインストラクター役!?

　シャッターも降り、後片付けをする時間ですが、せせらぎ支店の全員が2階のホールに集合しています。30人くらいの支店社員の一番うしろに、凛とした姿の一人の女性社員が立っています。皆の視線の先は、ホール奥で杉山支店長の隣に立っている若手社員です。今日付けで本店からせせらぎ支店に異動してきた元気のよさそうな男性社員です。

　一番うしろに立っている女性社員は、1週間前に西田課長に呼ばれて、異動してくる若手のインストラクター役を務めるように言われました。インストラクター役は2度目ですが、今回はちょっと悩ましかったようです。男性社員だったことと、それと…。

「本店○○部から異動してまいりました　ゆ、き、た、あ、つ、し　と申します。一所懸命がんばりますので、どうぞよろしくお願いいたしますっ」

「ゆきた？」

「えー？"雪田"だって？」

　そう言って皆が一斉に一番うしろに立っている女性社員のほうを向きます。そしていつもニコニコしている西田課長が笑顔で一番うしろにいる彼女を手招きします。

「雪田さん、前に来て」
　雪田たまきさんは 30 人の間をかき分けるように前に歩いていき、皆のほうを向きます。そして雪田厚くんの横に並びます。
「雪田さん、一言」
「雪田くんのインストラクター役を務めます、雪田です」
「雪田コンビかぁ」
「雪田が二人かぁ」
「男は"くん"で呼べばいっか」
「たまきのことは今までどおり"ゆきちゃん"でいいですよね」
　皆の声が飛び交います。そして、一番前にいる小柄な女性社員が…
「私は"たまきさん"って呼びます」
「雪田さん、どうする？」
「状況でわかるでしょうから、私はどんなふうでも構いません」
「いやいや、こういうことは初めに決めておいたほうがいいな」
　いつも姿勢よく背筋のピンとした杉山支店長が、両手をうしろに組み、二人に向かって言います。
「"たまきさん"と雪田くん、ということでいいかな？」
「ボク、あ、いえ、私は"雪田くん"でも"厚くん"でも、"アッシー"でも、何でもかまいませんっ」
「これからますます重要になるのは投信販売だ。投資信託と投信販売に必要な知識があれば、お客さまに幅広いご提案ができるだろう」
　と杉山支店長。それを受けて西田課長。
「支店長、雪田がインストラクターですから大丈夫ですよ。みんな、二人に激励の拍手！」
　雪田たまきさんは、クールな表情ながら、一息ちょっとため息をこぼし、みんなの拍手に包まれながらお辞儀をします。

● お客さまのライフプランと投信販売をどう考えるか

　将来のため、ライフプランにおける目標を実現するために、お金を効率的に増やしていくことが必要なのは不変、また普遍でしょう。預貯金については、現代、誰もがその必要性を認識していますが、投資や投資信託については、まだ多くの人々がその必要性に気づいているとは言えない状況です。しかし、日本の社会の人口構成をみると、「15歳から64歳までの人口」と「65歳以上の人口」の割合は、2030年では2.1人に1人、2055年では1.4人に1人と予測されているなか、年金・医療費等の社会保障制度が不安視されて、自らの力で老後の資金を準備する必要性の高まりが指摘されています。いかに退職までに十分な金融資産を積み上げ、いかにそこから十分な収入を得ていくか、すなわち退職後の長い人生を通じて金融資産を長持ちさせていくかという設計を、国民一人ひとりが自助努力によって行っていくことも、迫られるようになります。

　そのような時代のなかで個人金融を担う金融機関の窓口に求められるのは、
・幅広い世代のお客さまに、ライフプランニングの重要性、そしてその実現に向けた投資の必要性に気づいていただくこと
・適切なコンサルティングによって、お客さまのニーズやリスク許容度に応じた最適な商品・ポートフォリオを提案すること
・お客さまの資産形成や資産運用に必要なソリューションを提供すること
ではないでしょうか。

　あわせて、金融商品販売を通じて多くの方々の金融リテラシーを高め、家計のポートフォリオの適正化を図っていくことが使命であるといえます。その際に、多くのお客さまの「行動」を補完する、という意識も必要になるでしょう。「行動」の補完とは、金融リテラシーにかかわらず、お客さまに代わって行うソリューションの提供であり、その実現の中心には、投資信託が位置づけられるものと思います。そのような社会環境のなか、投資信託の販売に携わる人々には、証券理論等に基づいて、的確にお客さまのライフプランニングやマネープランニングをサポートすることが求められます。

　個人の窓口となる金融機関に必要なのは、商品ありきの提案ではなく、投資者の立場に立ったコンサルティングでしょう。投資信託は、そのツールとして、リスク分散

を比較的容易に図ることができる金融商品です。中小投資家の資産形成・資産運用を効率的に行う方法として誕生した金融商品ですから、本来の商品性にふさわしい販売がなされてこそ、家計にとって必要な基礎的金融商品となっていくと思います。

　理想は、すべてのお客さまが投資の必要性を認識して、投資意欲を高めて自己判断で投資を行い、必要な投資利回りを保ち、金融資産を増やしていくことでしょう。でも、現実とはギャップがあって、そのギャップを埋めるべく、投資信託の商品性、証券投資の基礎となる理論の理解のもとに、投資の必要性の説明や、長期的な資産形成・資産運用に資する商品・サービスの提供を行っていくことが、販売会社に求められている役割ではないでしょうか。

　それでは引き続き「そよかぜ銀行せせらぎ支店」の様子から投資信託について考えていきましょう。

PART 1

投資信託とは…

1 投資信託の環境

●投信販売におけるニーズとは

　せせらぎ支店のみんなに応援されて、たまきさんのインストラクター役が決まりました。たまきさんは2度目の指導役です。
　新人紹介での杉山支店長のコメントを振り返ってみましょう。

「これからますます重要になるのは投信販売だ」

　この言葉、皆さんはどのように受け止められますか？　支店の収益、銀行の収益のために必要、という意味でとらえられましたか？　杉山支店長はさらにこうも続けています。

「投資信託と投信販売に必要な知識があれば、お客さまに幅広いご提案ができるだろう」

　それぞれの会社の収益向上に寄与することは企業活動としては重要なことです。でも、持続可能なビジネスには、そこにお客さまの「ニーズ」が不可欠です。では、投信販売におけるお客さまの「ニーズ」とは何でしょうか。
　投信販売における「ニーズ」を考える前に、言葉の意味を確認しておきたいと思います。マーケティングの分野で使い分けられる「ニーズ」と「ウォンツ」です。ニーズとは「必要性」、ウォンツとは「欲求」だと言われます。
　たとえば、靴屋さんにいる人に、どうして靴屋さんに来ているのかと聞けば、どなたも「靴がほしいから」と言うでしょう。もっと聞いてみると、ある男性Aさんは「人気のスニーカーがほしいから」と答えるかもしれません。またある女性Bさんは「おしゃれなパンプスがほしいから」と答えるかもしれません。でも、歩くこと、通勤することは、裸足でもできないことではなく、二人の根源的な靴の必要性としては、「足を地面から守るため」とか「足を危険や傷害から保護するため」にあると言えるでしょう。

こんなたとえ話を聞いたことはありませんか？ある靴のセールスマンが、ある地域に行ったところ、全員裸足だった場合に「ここでは靴は売れない」と思い、別のセールスマンは、誰も履いてないから「ここで売れる」と思う。これは、「ニーズ」と「ウォンツ」を混同してしまった前者のセールスマンと、「ニーズ」を見極めた後者のセールスマンとの違いではないでしょうか。

さて、投信販売における「ニーズ」に戻りましょう。
日本では、将来、人口動態の変化に伴って、国民生活をめぐる、雇用や賃金形態の変化や社会保障が不安視されています。それに伴っていろいろな問題が生じてくるかもしれない世の中で、公的年金の支給が縮小される懸念も高まっています。これまでよりも、老後の生活を公的年金でまかなえる比率が少なくなってしまうかもしれません。皆で支え合う公的年金に加えて、一人ひとりが自分の努力で資金形成、資産運用を行っていくことが求められるでしょう。

そのような社会にあっては、なるべく若いうちから老後の生活資金を準備していく必要性を考えてほしいですね。また、蓄えた資産を長持ちさせていくことも必要になります。つまり、個人が自分自身の責任と判断で、いかにして将来の所得を確保し、退職を迎えるまでにどうやって資産を積み上げ、そして退職後は積み上げた資産をいかに長持ちさせるかということを考えて、自ら行っていくことも必要な時代になります。ここに、従来にはなかった「自助努力」という「必要性（ニーズ）」が発生するのです。

でも、日本では、そんな差し迫った「ニーズ」を実感していない人が意外に多いかもしれません。そうであるならば、「ニーズ」を顕在化させ、多くの方々に資産運用の必要性に気づいていただくことを投信販売を通じて実現していくことが求められます。

日本の家計資産については預貯金への過度な偏重が指摘されています。投資信託の販売会社が、「ニーズ」に応えて、資産形成層からリタイアメント層まで、幅広い年齢層に向けて、家計の適切なポートフォリオ構築に取り組むために、投資信託が果たす役割は大きなものがあります。投資信託の機能を鑑みれば、家計の資産形成にとって基礎的な金融商品となり得ることが容易に想像されます。

● ライフプランニングと投資の重要性

　また、ライフプランと投資の重要性に気づいていただくための投資意識の啓発が、投信販売が果たす役割であり、あえて言えば、投資信託はそのソリューションの1つでしょう。ビジネスとしての投信販売はもちろん重要ですが、多くのお客さまにとって、ライフプランあるいはマネープランをもっと真剣に考えていただくような、社会的に意義のあるコンサルティング活動が求められます。

　個人の資産形成の促進が年金改革と切り離せなくなっているのは、日本だけではなく、世界的な趨勢です。個人の自助努力の方法として、投資信託が広く利用され、国民経済に深く根を下ろしていくようにすることが、投資信託販売における私たちの責務だと言えるのではないでしょうか。

2　投資信託の合理性

　せせらぎ支店2階のホールの横にある小さな会議室には、3人がけの横長テーブルが3列あります。この場所がたまきさんと厚くんの勉強会の場です。たまきさんによる厚くんの指導が始まります。たまきさんは、厚くんに何から話していくのでしょうか…。

　たまきさんは、先日のホールでの挨拶のあと、杉山支店長から、「雪田さんの思うように指導していってください」と言われました。去年の新人、田辺友子、友ちゃんは、外務員資格を取得してから支店配属されてきましたので、お客さまの対応も行いながら、OJTでインストラクター役をこなしています。今回の厚くんは、まだ外務員資格を取得していません。たまきさんにとっては、まさに一からの指導です。

Scene 2　指導の始まり

「先輩、どこに座りましょうか」

「先輩って呼ぶのやめて。ウチの支店では"先輩"って呼ばないことにしてるの。お客さまがいらっしゃる前で"先輩"って言ってはいけないから、普段から"先輩"って呼ばないように、ってことになってるの」

「でも、先輩は"ゆきちゃん"って呼ばれてますよね」

「それは別よ。お客さまから見えるところでは絶対そう呼ばないの」
「まずは座ってよろしいでしょうか。あっ、こうしましょう」
　厚くんは数歩歩いて、1列目のテーブルの椅子を3つどけて2列目のテーブルとあわせて、どけた3つの椅子を、向かい合わせた1列目のテーブルの向こう側に並べました。
「先輩、…じゃなくて、雪田さん、どうぞ」
　と、1つの椅子を指します。そして、ノートとペンケースをテーブルに置きます。かなり分厚いペンケースです。
「いったい何本入ってるの？」
　たまきさんはそう聞きながら腰掛けます。厚くんはたまきさんの向かいに座ってペンケースのチャックを開きました。すると蛍光ペンが何本もこぼれてきます。
「あー、こぼれてしまいました。いち、に、さん、し、ご…」
　と言ってペンケースに収めながら「いち、に、さん」と数えます。
「本数はいいわ」
「僕、色分けしながら覚える派なんです。えーっと十本あります。僕は十色派なんです」
「十色派？」
「雪田さんは何色派ですか？」
「…一色派」
「一色ですか？　僕には十色必要なんです」

「多すぎない？」

「十色あれば、ポイント整理がしやすいんです。雪田さん、何でも教えてくださいっ」

「もちろんそのつもりだけど…」

「あ、そうだ。まずは僕と投資信託の出会いについてお話ししてもいいですか？」

「出会いって？」

「雪田さん、僕、就職するなら金融機関がいいと思って、金融機関に就職するには、まずは自分が経験しなきゃいけないと思ってですね、いろいろな金融商品を自分で体験しようと思ったんですよ。でも、バイト代はなかなか手元に残らなくって、なぜかというと、家賃が高かったからなんです。なぜ高かったかというとですね、僕、通学には時間かけたくなくて、なぜかけたくなかったかというとですね、通学時間に本を読むよりも、自分の部屋で本を読みたかったからなんです。でもバイトも忙しくってですね、金融商品を体験しようとしてもですね…」

「ねぇ」

「はいっ」

「それで出会いは？」

「それはですね、僕バイト代が残らなくってですね」

「それは聞いたわ」

「家賃が高くってですね」

「それも聞いた」

「1万円しか残らなくってですね、ネットで、"1万円　証券　金融"ってググったら、投資信託って出てきたんですよ。これだ、って思ったんですよ。これが僕と投資信託の出会いです。雪田さんと投資信託の出会いは何ですか？」

「それは…研修よ」

「研修センターでの研修ですか？」

「そうよ。あぁでも、言われてみれば、研修センターの研修よりも印象に残ってるのは杉山支店長との勉強会ね」

「支店長との？」

「支店に配属になってから、毎日、支店長室で投資信託のことを教えてくれたわ」

「何から教えてくれたんですか？」

「支店長は、投資信託とは何か、いかにして誕生したか、その原点を知れば、仕組みの合理性が理解できる、って言ってたわ」
「へぇ～、原点って何ですか？　どうして合理的なんですか？」
「投資信託の原点は、共同投資スキーム」
「何ですか？　それ」

●投資信託の原点―「共同投資スキーム」―

　厚くんから質問されて、たまきさんの脳裏によみがえってきたのは、杉山支店長との勉強会でした。一番初めに杉山支店長が話したのは、「投資信託の原点」だったようです。

　投資信託の仕組みの原点は、「共同投資スキーム」です。「共同投資」、つまり「みんなで一緒に投資する」ことです。「みんなで一緒に投資すること」、これによって合理性が実現されています。基本的には、多くの人から資金を集めて大きな資金のかたまりにして、大きな資産として、世界中の市場を対象に投資して、その結果を、お金を出した人々に返す、という仕組みです。

　投資信託の発生には諸説ありますが、一般には、1800年代後半にイギリスで誕生したと言われています。日本が江戸時代から明治時代に移り変わるときです。

　1800年代後半、イギリスは産業革命が一段落したところでした。一方、イギリスから見た海外は、ヨーロッパの国々は戦争から復興しているところで、アメリカは鉄道を作ったりと、生活基盤の構築が盛んで、そうしたことのためのお金を必要としていました。ですから、イギリスの人々にとっては、国内で資産運用するよりも、海外に投資するほうが高い収益を得ることができて、大投資家と言われる資産家も中小の投資家も積極的に海外投資を行ったわけです。ところが、中小の投資家は失敗して損失を被ってしまうことが多く、大投資家よりも損失額が大きかったのです。

　「なぜ違いがあったか」ですが、大投資家は投資先の調査も研究も行えたので、たとえば倒産による損失などを防止することができました。また、多額のお金がありますから、いろいろな投資先に分けて投資することができました。その結果、投資先に、1つ2つの倒産があっても全体に及ぼす影響が大きくなくすみました。そこから中小の投資家が学んだことは、大投資家のように、損失を小さくしながら投資をする

ためには、共同してみんなで出資して大きな資産にしてそれを専門家に運用してもらうのがよい、ということでした。そうして誕生したのが投資信託です。

調査する術(すべ)や、時間をもたない人々が、小口の資金でいかに資産を安定的に増やしていくか、という発想から生まれたものです。小口投資家の知恵、あるいは時代の知恵とも言いましょうか、自然に生まれた投資の手段です。

「小口投資」「分散投資」「専門家運用」とは、いずれも共同投資、みんなで投資するから成り立つことです。言い換えれば、共同投資による「小口投資」「分散投資」「専門家運用」という仕組みは、以下のような良さをもつと言えます。

・小口個人にふさわしい極めて合理的な金融商品
・個人家計が効率的な資産形成を行ううえでとても有効な金融商品
・コンサルティング営業のコアとなる金融商品

でも、そうした合理性は、目で見て手で触れられるものでなく、認識の限界があります。合理性をもった金融商品の魅力を直感的に体得することはできません。すなわち、説明がないと理解できないという性格をもっています。

●投資信託の更なる特徴

投資信託の特徴として、上で述べたことのほかに「透明性」と「公平性」があります。

①ディスクロージャーと基準価額による「透明性」

まずは「透明性」です。

「透明性」が意味することの1つは、ディスクロージャー（情報開示）です。投資信託はディスクロージャーが徹底されています。元本と利率が金融機関によって保証されている預貯金とは異なり、リスクもリターンも投資家に帰属しています。リスクとリターンについてはこのあと度々登場しますので、詳しくはそちらで述べますが、そのどちらも投資家に帰属することを「自己責任」と呼びます。投資家の自己責任で行う金融商品なだけに、その裏打ちとしての情報開示が徹底されています。購入する前には、販売会社は説明する商品内容を掲載した説明書「交付目論見書(もくろみしょ)」を交付します。購入されて受益者となられたお客さまには、決算ごとに運用内容を詳しく記載した「運用報告書」を送付します。これらの文書は、投資信託をめぐる法制度の自由化とともに強化され、その結果、お客さまにとって難解なものとなってしまいましたが、徐々にわかりやすい文書へと制度改善が行われました。

もう1つは「基準価額」の公表です。「基準価額」とは、1口あたりの純資産価額で、毎日計算され、公表されています。毎日資産を時価評価して純資産の価値を公表するということは、一般の事業会社でたとえれば、毎日決算していることと同じような意味をもちます。毎日、投資信託として集められた資金のかたまりであるファンドの保有資産を、市場価格で計算して公表しているので、たとえば含み損が顕在化しないといったようなことが生じるおそれがありません。このことは、預貯金や保険などと比較した投資信託の「透明性」という特徴です。投資信託の「運用成績の良し悪しはあるにしても、投資家は現時点で自分の資産がどういう状態であるのかをはっきり知ることができる。これこそ、投資信託の信頼性の源泉である」と言われています。投資信託では、自分の出資金がいかに運用され、何に投資されているかを知ることができます。加えて、いつでもその価値に応じて換金できます。流動性と呼ばれますが、これも投資信託の特徴です。

②ブラインド方式で保たれる「公平性」

次に「公平性」です。追加型投資信託の設定後の日々の購入や解約の申込みは、ファンドごとに締め切り時間が定められています。基準価額の計算は締め切り後に行われ、当日の夕刻に算出されるため、締め切り前には確定していません。したがって、投資家は申込みの段階では、いくらで買い付け、あるいは解約できるのかはわかりません。これを「ブラインド方式」と呼んでいます。

ブラインド方式が採用されたのは1970年です。それまでは前営業日の基準価額をもとに購入や解約が行われていました。その制度においては、基準価額が上昇した場合、当日買付けの申込みをする投資家は、前営業日の（上昇する前の）基準価額で買付けできるため、その時点で利益が得られます。しかし、ファンドに流入する資金で組み入れる証券は、時価算出のもととなった前営業日の証券価格より高い当日の証券価格となるため、既存の受益者にとっては不利なこととなります。逆に、基準価額が下落した場合は、当日の解約の申込みに対応すると、実際の資産価額よりも高い価額でファンドから資金が流出することになり、やはり保有し続ける受益者にとっては不利なこととなります。

このような新旧の受益者間の不公平さを避けるため、ブラインド方式へ変更されて、公平性が保たれているのです。"購入するものの価額がわからないのは不便"という指摘もありますが、公平性を保つために採られている制度です。

なお、外国証券を組み入れるファンドの場合は、計算日の前日の時価で評価されるため、時差の関係から申込み時点で組入証券の価格を知りうることになってしまうので、「投資信託約款」において、購入価格額が確定する約定日を申込み日の翌営業日としています。「投資信託約款」とは、委託者（運用会社）と受託者（信託銀行）の間で交わされる契約、いわば投資信託のルールとも言えるものです。

③分別管理による「財産の保全」

　さらにもう1つ、大切な特徴として「財産の保全」という点が挙げられます。もしも金融機関が破綻(はたん)してしまうようなことがあっても、投資信託の仕組み上、信託財産は金融機関の財産とは別個に保全されて、受益者は保護されます。大勢を占める契約型投資信託においては、信託銀行または信託業務を営む銀行が受託会社となっています。投資信託の財産は、ファンドごとに独立の信託財産として、受託会社固有の財産および他の信託財産と分別して管理されています。したがって、信託財産に対しては受託会社の固有財産とは独立していますので、投資信託財産は保全されます。

　ただし、その場合、従来、信託法では信託財産の独立を第三者に対抗するためには信託財産に信託の表示を行わなければならないとされていました。しかし、投資信託の場合、信託の表示を1つひとつの組入証券について行うことは手続きが煩雑で、運用の機動性をそぐことにもなるので、投資信託では信託の表示をしないことを原則としています。そうなると、仮に受託会社が倒産した場合、法的には信託財産は受託会社の債権者などの第三者に対抗できないことになります。

　この点を改善するため、1998年7月からは、受託会社が信託財産として所有する有価証券については、固有財産として所有する有価証券と分別して管理すれば、信託の表示がなくても第三者に対抗できることとされました。この結果、投資信託財産の安全性が強化されました。

3　投資信託の商品性

Scene 3　オープンの反対はクローズ!?

　今日も二人は朝から会議室です。マンツーマンの勉強会は当分続くようです。

PART 1　投資信託とは…

　会議室をそーっとのぞきこんでいる人がいます。入口に背を向けて座っているたまきさんは気づきません。気づいた厚くんがたまきさんに知らせてたまきさんが振り向くと、昨年たまきさんがインストラクター役をした田辺友子さんです。
「雪田さん、田辺さんがそこに…」
「ん？」
たまきさんが振り返ると、田辺さんがひょこんと顔を出しています。
「友ちゃん、何？」
「あ、DVD研修の準備でホールに来ましたので、ちょっとついでに様子を見てみたくなって…」
「田辺さんどうぞ」
「いいですか？　たまきさん」
「いいわよ」
「すみません。お邪魔しまーす」
田辺さんは、たまきさんの隣の席に腰掛けます。
「今日は何の勉強ですか？」
「…田辺さん」
厚くんが田辺さんに何か聞きたそうです。

「田辺さんのインストラクターはどなただったんですか？」
「たまきさんだったよ」
「厳しかったですか？」
「雪田くん、直球で聞くんだね」
「僕、野球部だったんで」
「たまきさん、私が言うのもナンですけど…」
　田辺さんは姿勢を正すようにして、体をたまきさんのほうに向けます。
「今年はタイヘンそうですね」
「ありがとう、友ちゃん」
　田辺さんは、再び厚くんのほうを向きます。
「雪田くん、たまきさんならどんなボールでも受け取ってくれるから、何でも聞いてみたら？　ドラえもんのポケットみたいにいろんなものが出てくるから」
「ドラえもんですか。やさしそうですね」
　田辺さんはつぶやくように小声で言います。
「それはどうかな…」
「やっぱ厳しいんだ～」
「驚くよ」
「そんなに～、うわぁ～」
　厚くんは体をそらせて驚きます。
「でも、たまきさんに教わるのが一番だよ。丁寧に教えてくれるから。不思議なくらい昔のことも知ってるし。先輩だなーって感じ。私も時間があれば、もう１回、たまきさんの勉強会を受けたいです」
「厳しいのにですか？」
「うん。でも、たまきさんがいない分、窓口忙しいから…。あ、私もう１階に降りないと。シャッター閉まった後とか、時々参加させてくださいね」
　かわいらしいひと言を残して会議室を出ていきました。
「雪田さん」
「何？」
「田辺さん、雪田さんが"驚くほど厳しい"ことを訂正しないままでしたよ」
「そうね」

「不思議なくらい昔のこと知ってるって、どういうことですか？」
「さぁ？　さ、今日も始めましょ」
「雪田さん、僕、これ読んできました。勉強してきました」
　厚くんは投信協会の冊子、「わかりやすい投資信託ガイド」をひろげます。もともときれいな色合いの冊子なのに、いろいろな色の蛍光ペンが引いてあります。
「これ、試合のトーナメント表みたいですよね。投資信託っていろいろなタイプがあるんですね。ここにオープンってあるじゃないですか。いつでも購入可能なのが"オープン型"で、募集期間だけ購入可能なのが"ユニット型"なんですね」
「いつでも募集されている、お客さまから見ればいつでも購入することができるってことだけど、違う言い方をすれば、変動する信託財産の価値、価額で取引できるのがオープン型」
「オープンの反対語ってクローズですよね」
「そうね。ずーっと昔のアメリカでは、"クローズ型"が主流だったことがあるのよ」
「ずーっと昔っていつですか？　僕、歴史好きなんです。"レキジョ"って言葉あるじゃないですか。僕、"レキダン"ですよ」
「昔って1929年の大恐慌前」
「あ〜、ちょうどその頃のことはカバーしてませんねぇ」
「知らないってことでしょ」
「本店のとき、先輩から、まっすぐ返事するのはよくないって教わったんです」
「さっき直球で聞いてたのに…。私はそういう処世術は苦手だわ」
「では僕がカバーします」
「いらないわ」

　少し、静かな時間が流れました…。
「今ではオープン型が主流だけど、それなりの歴史があってのことなの」
「どんな歴史ですか？」
「アメリカは、イギリスの帝国主義的な束縛から離れて、13の植民地が結束して共和国となって以降は、世界最大の債務国だったの。資源開発や産業開発、都市のインフラ整備のためにお金が必要だった。そのお金は、主にイギリスからの資本だった

の」
「イギリスでの投資信託の誕生の話につながりますね」
「そうなの。アメリカでは国民的なお金の蓄積というのは少なくて、有価証券投資が一般化する余裕はほとんど存在しなかったの。その後戦争があったりして、アメリカは、原料、工業生産物、農産物の大量輸出超過国となったの」
「債務国だったのが、一転して債権国になったんですか？」
「そういうこと」
「それで一般の人たちの資本の蓄積が進んで投資する人が多くなった、ってことですか？」
「ううん、そうはいかないのよ。まだ、株式と債券の違いもよくわからない人たちが多かったんですって。そんななかで、Liberty Bond 運動を通じて、国民が証券に慣れていったようなの」
「リバティボンド…ですか？」
「そう。自由公債普及運動。それが一般の人々の証券知識の広まりにつながったようなの」
「で、投資信託は？」
「アメリカでは 1921 年に設立された投資信託が始まりではないかと言われているみたい。その前にも、限られた人たちの間で、似たような投資手法はあったようだけど、元祖と言われるのは、1921 年みたい」
「イギリスではたしか 1868 年でしたよね。50 年後かぁ」
　厚くんは深くうなずきます。
「アメリカの景気が回復して株価が上昇し続けるなかで、投資会社がたくさんできて、イギリスが 60 年かかったところを、アメリカはその 10 分の 1 の 6 年で、しかもイギリスの 2 倍以上に発展したんですって」
「イギリスで誕生してアメリカで成長したってことですか。なるほど〜。雪田さん、それでオープンとクローズは？」
「これからよ。好景気を背景に発展するなかで主流になったのはクローズドエンド型だったの。その中には、たとえばファンドがたくさん借入れして、借りたお金でまた投資するというファンドもあって、資本金の 20 倍のお金を借りたものもあったらしいわ」

「それって大丈夫なんですか？」

「いいえ。投資信託の本質を逸脱してるとも言える経営で、それが恐慌の中で悲劇を生むことになったんですって」

「投資対象がマーケットの下げ幅以上に下落したってことですか？」

「そうね」

● オープンエンド型とクローズエンド型

　投資信託の誕生のお話はイギリスが舞台でしたね。現在、主流のオープン型投資信託の発展は、アメリカの大恐慌の頃の理解が必要となるようです。

　オープンエンド型とクローズドエンド型の違いは、「解約（換金）の取扱い」です。「エンド」とは、出口、つまり換金方法のことです。オープンエンド型は、投資信託や投資法人のうち、運用期間中に信託財産を取り崩すことができる、すなわちファンドが換金に応じるタイプのことです。反対に、取り崩すことができないものをクローズド型と言います。つまり、投資家の途中の解約請求に応じて、そのときの純資産価額（投資信託の総資産を、総口数で割った価額）で取り崩すことができるもの、「エンド（出口）」が「オープン（開いている）」なのがオープンエンド型で、「エンド（出口）」が「クローズ（閉じられている）」されて換金に応じられないものがクローズドエンド型と考えてください。

　たまきさんの説明にあったように、大恐慌前、アメリカでは投資信託が拡大しました。当時の主流はクローズドエンド型でした。スケールの大きな拡大で、ファンドの資金をレバレッジ（「てこ」のように少ない資金を元手にした大きな額の取引）のきいた他のファンドに投資したりもしました。1929年にアメリカから始まった世界的な株式市場の大暴落があり、そのようなファンドはマイナスの相乗効果が働いて、株式市場の下落以上に値下がりしました。投資信託は、組み入れられている有価証券の下げ幅と連動するはずで、マーケットが下がった分だけ信託財産の額は下がります。逆に言えば、オープンエンド型の場合、マーケット以上には下がらないはずですが、クローズドエンド型の場合は、マーケット以上の値下がりが起こりました。

　また、クローズドエンド型の場合、換金性を付与するために、市場で取引、すなわち上場されることが一般的です。上場されて市場で取引されると、先行きの強気とか弱気とかの需給状況によって、純資産の価値から離れた値段で取引され、買いたい人

が多ければ純資産の価値よりも高い値段になるし、売りたい人が多ければ純資産の価値も低くなって、しかもどれだけ下がるのか見えなくなります。売りが売りを呼ぶ株価急落過程で、純資産価値の下落に加え、取引所における売買価格は需給関係で決まるため、純資産価値を下回る大幅なディスカウント（値下げ）となり、当時の投資家はきわめて大きな損害を被りました。そのためクローズドエンド型の投資信託は敬遠されていって、時価で取引できるオープンエンド型ファンドの意味が重要に思われるようになりました。

その後、1946年にまた大きな暴落がありましたが、そのときは直接株式に投資していた人たちに比べて、投資信託に投資していた人たちの損失がきわめて軽かったことから、アメリカでは投資信託に対する信用が高まりました。つまり、1929年の大恐慌でクローズドエンド型が衰退して、逆に伸びてきたオープンエンド型が1946年の暴落のときにあらためて評価されたのです。

このように投資信託のあり方は時代によって変化していますね。そこからさらに40年後、1987年の「ブラックマンデー」と呼ばれる大暴落がありましたが、投資家の投資信託への信頼は揺るぎませんでした。

大恐慌の教訓はあるものの、クローズドエンド型は悪いことばかりではありません。投信ビジネス推進上の観点からは、常時販売を行うオープンエンドファンドは積極的に追加資金を取り込む「攻め」に向くタイプと言えるでしょう。逆にクローズドエンドファンドは解約が発生しないので「守り」に向くタイプと言えます。しかしながら、クローズドエンドファンドは資金を固定できる性質に着目すると、ベンチャー、新興国地域、不動産等への投資を初めとして、オープンエンドファンドでは難しい商品設計も可能です。

たとえば、不動産投資信託であるREIT（リート）は、流動性の小さい不動産に投資するので、日常的に資金の流出入が起きないようクローズドエンドにしていますが、そうすると換金できなくなってしまうので、流動性確保の観点から取引所に上場されています。

オープンエンド、クローズドエンド、それぞれにメリットがあり、今後も多様な商品設計の可能性があります。新たな商品開発の展開によって、投資信託のより一層の普及につながることが期待されます。

●契約型と会社型

　契約型とは、委託者と受託者との投資信託契約に基づいて運営され、受益権を表示する受益証券を投資者が取得する仕組みです（ただし、投資信託の受益証券は2007年から電子化され、発行されなくなりました）。

　一方、投資法人は、投資を目的とした投資法人を設立して投資運用を行い、その会社の投資口を表示する投資証券（株券）を投資者が取得する仕組みです。複雑なものではなくて、信託契約型の投資信託制度でファンド（信託財産）を法人組織に変えたものです。

　契約型投資信託は、委託者と受託者との間で締結される投資信託契約に基づいて運営されることから、「契約型」と呼ばれます。「投資法人」は、投資を目的とした投資法人、すなわち「会社」を設立して投資運用を行うことから、「会社型」と呼ばれます。ただ、信託契約があるわけではなく、投資を行う株式会社であるので、「会社型投資信託」との呼称は正しくないと指摘されることもあります。

　「契約型」「会社型」と、「オープンエンド型」「クローズドエンド型」が、混同されてしまいがちですが、前述のとおり、「オープンエンド型」「クローズドエンド型」は、ファンドが発行した証券をファンド自体が買い戻すかどうか、つまり投資家にとっては途中で解約できるかどうかの違いです。これは、米国の投資会社法での分類ですが、広く一般に用いられる分類です。

　オープンエンド型では、投資家の解約の請求にいつでも応じます。契約型の場合の解約は、一部「契約の解約」であり、会社型では、「減資」となります。また、投資家からファンド（信託財産）は購入の申し出があれば、契約型では新たに受益証券を発行して信託財産が増えることとなり、会社型では「増資」となります。財産管理が弾力的で、入口も出口も「オープン」であることが「オープンエンド型」です。米国の投資会社法では、「オープンエンド型」以外のものが「クローズドエンド型」を指す、とされています。

　「クローズドエンド型」は、原則としてファンドによる買い戻しなどを行わないので、通常の株式のように取引所などで売買されます。

Scene 4 "レキダン"としてはたまらない…

　厚くんは、投資信託の種類やそれらのいきさつをたまきさんから教わり、興味深く勉強しています。

「何事にも歴史があるんですね。レキダンとしての知識が増えていくのは楽しいなぁ」

「レキダンって、何かのダンスみたいね。まぁいいわ。投資信託の名著と言われる本のはしがきは、『歴史は理論を生み、理論は歴史をつくる』から始まるのよ」

「うわぁ。レキダンとしてはたまらない言葉です」

「杉山支店長に教えてもらったことよ」

「メモしておこっ」

　開いたノートは蛍光ペンでとってもカラフルです。

「随分カラフルね」

「あ、雪田さん」

　厚くんはノートの下のままになっている投信協会のパンフレットを取り出します。

「オープンとユニットの、ユニットって、今、出ましたっけ」

「言ってない」

「"当初募集期間のみ購入可能"って書いてあります」

「そのとおりよ」

「募集期間って何ですか？」
「"募集"っていう言葉は、ちゃんと法律で定められてる言葉なのよ」
「法律で、ですか？」
「有価証券の募集とは、"新たに発行される有価証券の取得申込みの勧誘"」
厚くんは、このひと言に3本の蛍光ペンを使います。
「厳密には、多数の者を相手方として行う場合としては政令で定める場合で…」
「ちょ、ちょっと待ってください！」

● 単位型と追加型

「単位型投資信託」とは、「ユニット型」とも呼ばれて、運用開始後の追加設定がない投資信託です。"追加設定がない"とは、投資家にとっては購入できないということです。当初一定期間に額面（1万円や1円など）で募集を行って、募集後ファンドを設定したら、その後は償還まで、信託財産の追加設定を行わない、つまり追加募集を行わない投資信託です。そのファンドの受益者は、皆、投資元本である1万円や1円で購入します。一般的には、運用期間（信託期間）は、3年から5年のものが多いです。中途の解約には応じますが、信託財産が減少する一方となってしまうので、解約停止期間を設けて信託財産の安定性を保つファンドが多くなっています。この解約停止期間はクローズド期間と呼ばれます。

一方、「追加型投資信託」とは、運用が開始されてからも追加信託が行われる（募集が行われる）投資信託です。募集期間の募集は、"予約"とも言えるかもしれません。投資家は、ファンドの設定後も日々の変動する価額で購入することができますので「オープン型」と呼ばれます。投資家はいつでもそのときの基準価額（信託財産を受益口数で割った値）で購入できますので、同じファンドでも、受益者ごとに購入価額が異なります。信託期間は、無期限のものもあれば、有期限のものもあります。

● 公募と私募

ところで、さっきたまきさんが言いかけた「多数の者を相手方として行う場合としては政令で定める場合で」とは何でしょうか。これも投資信託のタイプの違いですのでお話ししましょう。金融商品取引法（金商法）の政令では、「多数の者」の数が定められていて、それは「50人以上」です。50人以上を相手方として募集する場合を

「公募」と言って、50人未満の少人数または、特定の人を相手方として取得申込みの勧誘を行う場合を「私募」と言います。

「私募」投資信託は、日本では1998年の投資信託及び投資法人に関する法律（投信法）改正によって初めて導入されました。一定の限られた投資者を対象に募集するものです。「公募」の定義からすれば、「私募」は49人以下の人たちに向けて新たに発行される受益証券の取得の申込みの勧誘を行う場合のことを言います。「私募」のうち、適格機関投資家のみを相手方として行う場合を「適格機関投資家私募」、特定投資家のみを相手方として行う場合を「特定投資家私募」、それ以外を「一般投資家私募」と呼びます。一般に適格機関投資家向けや特定投資家向けの私募は「プロ私募」と呼び、それ以外の私募は「少人数私募」と呼んでいます。「適格機関投資家」とは、銀行や保険会社などの金融機関を指します。「特定投資家」とは、適格機関投資家のほか、国や日本銀行、上場会社などが含まれます。

私募投資信託は、公募投資信託に比べて、投資家が特定または少人数で、「プロ私募」にいたっては、投資知識のレベルが相当程度高いと考えられることなどから、ディスクロージャー面や運用制限面での規制が緩やかになっています。

●委託者指図型投資信託と委託者非指図型投資信託

投資信託のそのほかのタイプも紹介します。「委託者指図型」と「委託者非指図型」という種類があります。委託者が運用の指図を行うのが「委託者指図型」であり、委託者は運用の指図を行わないで受託者自身が運用を行うのが「委託者非指図型」です。

「委託者指図型」とは、信託財産を委託者の指図に基づいて特定資産に対する投資として運用することを目的とする信託で、その受益権を分割して複数の者に取得させることを目的とするものです。日本の投資信託の大勢は「委託者指図型」です。

委託者は投資信託委託会社で、受託者は信託会社等です。両者間で信託契約が締結されて、信託契約に基づいて受益権が発生します。その受益権は均等に分割されて受益権をもって表示されて、受益証券を取得した投資家が受益者となります。このように委託者指図型投資信託は、信託契約をもとに委託者（投資信託委託会社）、受託者（信託会社等）、受益者（投資家）の3者によって成り立っています。

「委託者非指図型」とは、1個の信託約款に基づいて、受託者が、複数の委託者と

の間に締結する信託約款によって受け入れた金銭を、合同して、委託者の指図に基づかないで、主に特定資産に対する投資として運用することを目的とする信託です。

委託者指図型とは異なり、委託者は受益者自身です。委託者非指図型の投資対象は、「主として有価証券に対する投資として運用することを目的とする投資信託契約を締結してはならない」と定められているので、証券投資信託以外の投資信託しか存在しないことになります。

Scene 5 | 契約型の契約？

「雪田さん、投資信託っていろんな種類があるんですね」
「ノート、カラフルすぎない？」
「契約型の場合、お客さまとの契約が…」
「違う。契約型の契約っていうのは、委託者と受託者の間で交わされるものよ」
「あ、そうでした。じゃあ、僕たち販売会社はお客さまにとっての窓口だからオレンジ色にして…」
「また一層とカラフルになるじゃない」
「あ、雪田さん、僕、今ふと気づいたんですが、もし、もしもですよ、どこか１つの会社に万一のことが起きたら、投資信託ってどうなっちゃうんですか？　気にしなくてもいいことですか？」

「万一って、破綻とかのことね。お客さまが心配されることでもあるから、理解は必要よ」
「お客さま、心配されるんですね？」
「何においても窓口が教科書よ」
「うわっ、また名言。メモります」

　契約型投資信託の仕組みをおさらいしましょう。わが国において、現在、大勢を占めるのは契約型投資信託です。
　契約型投資信託とは、委託者と受託者の契約によるものです。委託者は、信託財産の運用などを担う投資信託委託会社、"運用会社"と呼ばれる会社です。それから信託財産の管理などを担う信託銀行等です。さらに、受益者となるお客さまと運用会社の間に入る販売会社が構成主体となって運営されます。なお、「直販」といって、運用会社によって直接販売されることもあります。

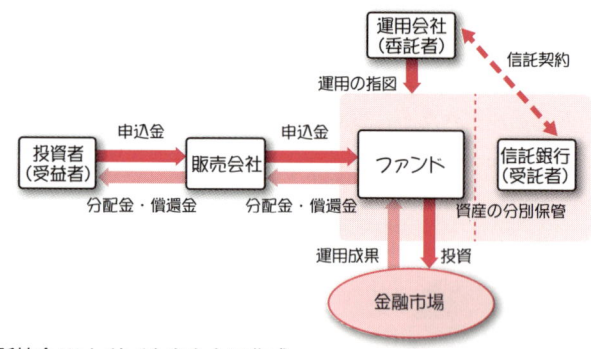

＜契約型投資信託の仕組み＞

（出所）投資信託協会Webサイトをもとに作成

それぞれが行うことを整理しましょう。

＜委託者（投資信託委託会社）の主な役割＞
・信託契約に基づいて、受託者に対して運用の指図を行う
・投資信託約款の届出

- 受益証券の発行※
  ※ 2007年に「投資信託振替制度」というものが適用されることとなってからは、受益証券は発行されずに、振替機関や口座管理機関といった機関の振替口座簿という電子的な帳簿に、受益者の権利が記録されるという仕組みになっています。
- 有価証券届出書の提出、目論見書の作成
- 運用報告書の作成、交付

<受託者（信託銀行）の主な役割>
- 信託財産の保管、管理
- 信託財産の計算

<販売会社の主な役割>
- 受益証券の募集および売買の取扱い
- 解約金、収益分配金、償還金の支払の取扱い
- 収益分配金の再投資
- 所得税および地方税の源泉徴収
- 目論見書の交付
- 取引残高報告書等の作成、交付

　投資信託の受益証券は、金商法における「有価証券」であって、その販売行為は、金融商品取引業のうちの第1種金融商品取引業にあたります。証券会社以外の、たとえば銀行や信託銀行、保険会社は、それぞれの業法により、有価証券関連業は本体での業務が禁止されていますが、投資信託受益証券の販売は、禁止の除外として認められているものの1つです。銀行、信託銀行、保険会社が投資信託の受益証券の販売を行う場合は、金商法にのっとって登録を行い、「登録金融機関」として、募集の取扱い、すなわち販売を行っています。

　それぞれの運営当事者が破綻した場合ですが、まず、投資信託委託会社が万一、破綻したとしても、信託財産は信託銀行に管理・保管されていますから、会社の固有財産とは関係ありません。信託銀行が破綻したとしても、信託財産は固有財産と分別して管理することが義務づけられていますから、分別して管理されている信託財産について、信託銀行固有の財産の債権者や別の信託財産の債権者は、強制執行や競売を行うことはできません。
　したがって投資信託は、投資信託委託会社、信託銀行、販売会社のいずれかが万一破綻してしまったとしても、信託財産は保全されますし、受益者であるお客さまの財産は保護される仕組みとなっています。

Scene 6 　運用のタイプって？

厚くんはうれしそうに言います。
「これですっかり投資信託の種類を理解できましたよ」
「そんなに簡単にわかったつもりになられては困るわ」
「僕は雪田さんに付いて行きます」
「投資信託のことは知ってもらわないと困るけど、私には付いて来なくてもいいから」
「そう言わないでくださいよ〜。ほかにも種類はあるんですか？」
「それはいっぱいあるわよ」
「じゃあ基本的なところからからお願いしますっ」
「1つひとつがどれも基本よ」
「あ、はい」
「法律的な制度の違いはもう勉強したから、運用のタイプの基本で見てみましょうか」
「運用のタイプ…ですか？」
「アクティブとパッシブね。アクティブタイプのファンド、アクティブファンドっていうのは、ファンドが目標とするベンチマークを上回ることを目標とする運用。パッシブタイプのファンド、パッシブファンドは、ファンドが目標とするベンチマークに近づけることを目標に運用するファンド」
「ベンチマーク…ですか？」
「そうよ。たとえば日経平均225とか、東証株価指数とかの市場指数で、ファンド運用の基準となるものよ」
「なるほど…でも、ベンチマークを上回ることを目指すのなら、わかる気がしますけど、ベンチマークに近づけることを目標にするって、意味あるんですか？」
「市場全体のリターンを受益者に提供していくことが、パッシブ運用の使命なの」
「使命って、そんな大げさな…」
「使命よ。雪田くんの使命は？」
「それは、こうして勉強することです」
「それは目的ではないわ」
「え？」
「でも今はとにかく勉強してね」

「はい。で、そうするとアクティブの使命は…」
「それはマーケットに勝つこと」
「"勝つ"って、なんかゲームみたいですね」
「そうね。投資が賭け事みたいな印象になってしまうことには抵抗を感じるけど、『敗者のゲーム』っていう有名な本があるわ。大多数の積極運用はインデックスに負けている、負けない投資はインデックスに投資すること、っていうことを解説してるの」
「インデックスが最強なんですか？」
「その本の中では、インデックスファンドは、投資のドリームチームの成果を結集したようなものって書いてあったわ」
「最強に勝とうとするのは、効率的な行為とは言えないんじゃないですか？」
「パッシブファンドの前提にあるのは、投資家が入手できる情報は完全に市場価格に反映されてる、ってことで、そんな市場のことを"効率的な市場"と呼ぶの」
「ちょ、ちょっと待ってください。こ、効率的…？　突然ですね。どういう意味ですか？」
「市場はすべての情報を織り込んでいて、参加してる人たちは、得られる情報をもとに合理的に行動してるってこと」
「"合理的"ですか？　いやぁどうかなぁ。合理的かなぁ」
「雪田くんがどう思うかは、今は関係ないのよ。市場は効率的であるっていう考え

方に基づいた運用がパッシブ運用」

「それって、もし、市場が完全に合理的で効率的であれば、それに勝つことはできないってことを言ってますか？」

「そうね。市場というのは、価格形成を通じて情報を行き渡らせる仕組み、とも言えるかもね。あるエコノミストから、"完全な競争市場では、企業の超過利潤は消滅する"って、聞いたことあるわ」

「難しいですねぇ」

「鏡にもたとえられるわ。ゆがみなく映す鏡」

「何を映すんですか？」

「だから、市場に流れてる情報。ゆがみなく映すのが市場」

「いっぺんにいろんな言葉が出てきてマーカーが足りません。あー、何色にすればいいんだー。それに効率的ってどうもイメージがわきません」

厚くんは、コウリツテキ…とつぶやきながらペンケースを探ります。

「色はまかせるわ。効率的っていうのは、合理的な投資行動をとる市場参加者によって、価格が形成される材料となる情報はすでに反映されるから、割高や割安のままの銘柄はない、という考え方。その考え方だとね、効率的な市場においては、いくら専門家が運用しても、市場平均を上回るリターンを得ることはできないの」

「さっきの『敗者のゲーム』に通じますね。ちょっと待ってください、そうするとアクティブ運用の立場がなくありませんか？　あ、そうだ、雪田さん、"効率"の反対ってナンなんですか？」

「効率の反対は"非効率"」

「あー、また新しい色がいる。困りました〜」

「目がチカチカしないの？」

「頭の中の整理には必要なんです」

「かえって混乱しそうだけど」

「気にしないで続けてください」

「アクティブ運用の前提にあるのは、市場における情報の格差とか、"ゆがみ"」

「"ゆがみ"ってどういうことですか？」

「多くの情報のうちの、何を重要と思うか、という違い」

「はぁ、それが"ゆがみ"…？」

「"ひずみ"とも言えるかな」

「おっと、また、新しい言葉が…」

「多くの情報の優先度のおき方によって、今の価格が割高だったり割安だったり、とらえ方が変わってくるの。そういう"ゆがみ"とか"ひずみ"が"非効率"ということかな」

「それを利用するのがアクティブ運用なんですね」

「そうね。市場には必ずどこかに"非効率"がある、という考え方が前提。それをとらえることで、市場よりも超過収益を得ようとするの」

「そのための分析…ですか？」

「そうね。注意しなければいけないのはね」

「はい」

「私たちにとって大切なのは、お客さまにとってどうなのか、ってことよ」

「あ、言われてみれば忘れてました」

「私たちには最も大切なことよ。忘れないで」

「わかりました。で、お客さまから見たときにはどんな違いがありますか？」

厚くんの手が止まり、たまきさんに向けられた目が変わりました。

●運用スタイルの違い

　たまきさんが説明していたとおり、運用スタイルの大きな違いとして、パッシブタイプとアクティブタイプがあります。英語の意味としては、パッシブは"受動的"とか"無抵抗"、アクティブは"積極的"とか"活動的"という意味です。でも、パッシブは受動的だからといって、受け身的な運用、というわけではありません。いかに市場と同じリターンを提供するか、0.01％（これを「1ベーシスポイント」と呼びます）という精緻な世界で運用が行われています。

　それぞれの特徴は、たまきさんが話したとおり、パッシブ運用は市場リターンに追随することを目指す運用、アクティブ運用は経済動向や市場動向の分析とアナリストの個別企業の調査情報などをもとに投資信託委託会社（運用会社）のファンドマネージャーが銘柄を選択して市場とは異なる資産構成を築いて市場リターンを上回るリターンを目指す運用です。

　パッシブ運用の代表がインデックスファンドです。インデックスとは、国内・海外

の株式市場や債券市場全体を広くカバーする指数で、指数と連動する運用成果を目指すのがインデックスファンドです。

投資家にとっての特徴の大きな点は、「コスト」と「変動要因のわかりやすさ」にあるでしょう。

パッシブタイプのファンドは、個別銘柄に関する調査コストや、ファンドに組み入れている銘柄の売買などにかかるコストが低いことから、信託報酬や販売手数料といった費用が、アクティブファンドに比べて低い傾向にあります。パッシブタイプのファンドが増えることは、投資家にとっては、低コストで機動的に分散効果を図ることができるようになります。それに、市場に追随する運用を行いますから、どうしてファンドの価額が変動したのか、ニュースで流れる指標に追随するファンドであれば、なぜ変動しているのかがわかりやすいでしょう。

● インデックスファンド

インデックスというと、日本株式のインデックスファンドの主流である日経225型インデックスファンドやTOPIX型インデックスファンドが、現在の日本のインデックスファンドの主流です。最近はエマージング株式を対象としたファンドや、REITやコモディティを対象としたファンドなど、多彩なインデックスファンドが設定されています。2014年1月には、JPX日経インデックス400という指数も登場しました。

国内株式では日経225とTOPIX、国際株式ではMSCI-KOKUSAIインデックス、国内債券ではNOMURA-BPI、国際債券ではシティグループ世界国債インデックスを対象とするファンドが一般的です。しかしながら、インデックスファンドの中には、このような市場全体をカバーするインデックスではなく、市場の特定のセクターや業種、投資テーマ、特定のエリアなどに特化したインデックスを対象とするものも登場してきています。

たとえば国内株式ファンドの分野では、社会的責任投資の観点からスクリーニングされた銘柄で構成される「モーニングスターSRIインデックス」を対象とするファンド、インターネット関連業務に従事する企業で構成される「エスジーe-indexジャパン」という指数に連動を目指すファンドなどがあります。

また、国際株式型ファンドの分野では、エマージングマーケットの株式を対象とし

たファンドの場合、その多くは新興国23ヵ国の市場をカバーするMSCIエマージングマーケットインデックスをベンチマークとしています。

さらに投資エリアを絞ってMSCI BRICsインデックスを対象とするファンドもあります。また、地球温暖化防止という最近の世界的な環境問題への取組みをテーマに開発されたユニークなインデックスを連動対象とするインデックスファンドも設定されています。

このほか、最近、投資信託の投資対象が有価証券以外にも広がったことから、国内・海外のREIT指数を対象とするインデックスファンドやコモディティ指数への連動を目指すインデックスファンドも多数設定されています。

● インデックスファンドの留意点

投資家にとって、リスクの認識が容易で投資成果がわかりやすいインデックスファンドの多様化は、投資信託市場の拡充に貢献することとなりますが、インデックスファンドの選択にあたっては、いくつかの留意点が指摘されます。

まず、ファンドが対象としているインデックスにはどのような特徴があるのか知ることが必要です。国内株式市場の代表的なインデックスは日経225とTOPIXですが、いずれも東証第1部上場銘柄を対象としており、東証マザーズ、ジャスダック、大証ヘラクレス等まで含めた日本の株式市場全体を対象としているわけではありません。JPX日経インデックス400は、東証上場銘柄、第1部、第2部、マザーズ、JASDAQから選定した400銘柄が対象となっています。

また、グローバルなインデックスファンドが対象とするインデックスには日本が含まれているか否か、エマージングマーケットインデックスの対象新興国はどこかなどを見極めることも重要です。それから、セクターやエリアを絞った特化型インデックスファンドは、幅広く分散投資するインデックスファンドよりも基準価額の変動が高くなる傾向があることに留意する必要があります。

Scene 7　アクティブファンドが果たす役割？

「雪田さん、インデックスファンドのことはわかりました。企業の調査にコストを払う必要はないし、変動がわかりやすい。逆にアクティブファンドは、コストがかか

るし、変動要因がわかりにくい、ってことになりますよね」
「そうね」
「投資信託の役割として、よくわかりました」
「じゃあ、アクティブファンドの良さとデメリットは？」
「はい、えーっと」

　厚くんはシャープペンでノートに書き、そして蛍光ペンでなぞりながらたまきさんに向かって答えます。

「良いところは、調査の結果、リターンが得られる可能性がある、ってことで、デメリットとしては、そうですね…僕が自分で説明することを想像すると、市場よりも価額が下がったときの説明が難しそうです」
「そうね。アクティブファンドのことは、そのほかにも考えてほしいことがあるの」
「何ですか？」
「アクティブファンドが果たす役割」
「…それは、リサーチによって得られるリターンの期待ってことですか？」
「もちろんそうだけど、それだけではない、運用会社のエコノミストやアナリストが、リサーチすることの効果があるの」

●市場を良くする機能

また厚くんの手が止まってしまいました。

たまきさんが言おうとしているアクティブファンドの役割とは何でしょう。たまきさんはこう言いました。

「エコノミストやアナリストがリサーチすることの効果」

投資信託は、企業を調査する術や時間のない個人に代わって専門家が行ってくれる制度です。

市場に"ゆがみ"があれば、リサーチによってリターンを得られる期待をもてるわけですが、それはすなわち、インデックスの信頼を高めることにつながります。

企業アナリストの分析によって、数字にしにくいような調査結果、たとえば経営者の長期的な将来ビジョンに期待できるとか、企業訪問したときの社内の雰囲気とか、そういうことに対して分析し、評価することによって市場参加者に伝わります。

アクティブファンドの調査によって、社会に貢献して成長していく企業を見つけたり、逆に、良くない企業に対して、良くないという"判断"をして、それが"情報"となって、インデックスの信頼性が保たれていると言えるでしょう。インデックスによっては、それを構成する銘柄が入れ替わることもあり、市場全体の成長が図られているとも言えるでしょう。

運用会社には、ファンドの資金で投資してもらうために、企業が訪問して説明することがあります。また、アクティブファンドの運用にあたって、企業アナリストもファンドマネージャー自らも、企業を訪問します。運用会社によっては、ファンドに投資しているお客さまを、組み入れている企業に案内することもあります。そのような"目"がはたらくことによって、企業の緊張感が高まり、努力を促進させることになるでしょう。それによって、市場全体の"質"が良くなっていくと言えます。

つまり、アクティブファンドがゆがみを直してくれることで市場が効率化して、その市場にパッシブファンドが投資することによって低コストで市場パフォーマンスを提供できます。

"投資の原点"を考えてみましょう。人々が企業に資金を提供して、企業はその資金をもとに物を作ったりサービスを提供します。社会に貢献している企業は社会に認

められ、健全な経営によって収益が増え、人々はそういう企業を選んでその成長を個人の資産に取り入れます。その前提は、市場全体が成長することであって、そのためには、良い企業が正当に評価されなければいけません。その役割をアクティブファンドが担っていると言えます。

また、パッシブファンドもインデックスを改善させる役割をもっています。たとえば、合併とかインデックスの銘柄入れ替えがあると、インデックスファンドのトレードが集中してそれ自体がインパクトになって一部の投資家の収益機会になってしまうことがあります。そうしたことを、パッシブ運用機関から指摘したり要望することもあります。アクティブ運用にもパッシブ運用にも、市場を良くする機能があるのです。

Scene 8　違いがわからないってことは、良さもわからない!?

たまきさんは、担当のお客さまのご来店で1階に降りていきました。会議室には厚くん一人です。

「よし。自習だ。ここまでの復習をしよう」

厚くんはカラフルなノートを広げます。

「投資信託って奥が深いなぁ」

たまきさんから渡された本も広げます。こちらも蛍光ペンがカラフルに引かれています。

「誕生するには背景があって、発展するにも背景があって、欠点が認識されていくにも背景がある。結果には原因があるんだ。やっぱり歴史をたどるのは楽しいなぁ。しかし、こんなふうに歴史を勉強するとは思わなかったなぁ」

明るい表情でページをめくります。

「投資信託っていろんな種類があるんだな。それぞれに違いがあって役割がある…でも、ちょっと待てよ」

厚くんの手が止まりました。

「雪田さんは、規制緩和も行われて商品が多様化していくことはいいことって言っていた。いろいろなニーズに対応できるのは便利なことだ、と。しかし…」

厚くんは腕組みをして考え込みます。

「僕みたいに、違いがわからないってことは、良さもわからないってことだ。いろんな種類の中から選ぶことは、すべてがわかっていないとできないことではないだろうか。これほどの種類があってもなあ。まず僕はすべてを説明できるんだろうか…それに、投資信託は多くの人にふさわしいけれども、学校でも習わなかった投資信託をお客さまはそんなに知らない。あれ？ 公民で習ったっけ…」

いよいよ頭を抱え込んでしまいました。そこにたまきさんが戻ってきました。

「お待たせ。ほんとにカラフルなノートね」

たまきさんは厚くんのノートをのぞき込みながら腰掛けます。

「雪田さん、公民の授業で、投資信託って習いましたか？」

「ううん」

「そうですよね」

「あ、でも、"最低限身に付けるべき金融リテラシーの4分野・15項目"っていうのが金融庁でまとめられ、その中では、社会科や公民科や家庭科で、家計管理とか生活設計の教育を充実させる、って書いてあるわ。これよ」

たまきさんはデスクに置いたクリアファイルの中から、紙を1枚取り出しました。

＜最低限身に付けるべき金融リテラシーの４分野・15項目＞

１．家計管理
項目１　適切な収支管理（赤字解消・黒字確保）の習慣化

２．生活設計
項目２　ライフプランの明確化及びライフプランを踏まえた資金の確保の必要性の理解

３．金融知識及び金融経済事情の理解と適切な金融商品の利用選択
【金融取引の基本としての素養】
項目３　契約にかかる基本的な姿勢の習慣化
項目４　情報の入手先や契約の相手方である業者が信頼できる者であるかどうかの確認の習慣化
項目５　インターネット取引は利便性が高い一方、対面取引の場合とは異なる注意点があることの理解

【金融分野共通】
項目６　金融経済教育において基礎となる重要な事項（金利（単利・複利）、インフレ・デフレ、為替、リスク・リターン等）や金融経済情勢に応じた金融商品の利用選択についての理解
項目７　取引の実質的なコスト（価格）について把握することの重要性の理解

【保険商品】
項目８　自分にとって保険でカバーすべき事象（死亡・疾病・火災等）が何かの理解
項目９　カバーすべき事象発現時の経済的保障の必要額の理解

【ローン・クレジット】
項目10　住宅ローンを組む際の留意点の理解
　　　　①無理のない借入限度額の設定、返済計画を立てることの重要性
　　　　②返済を困難とする諸事情の発生への備えの重要性
項目11　無計画・無謀なカードローン等やクレジットカードの利用を行わないことの習慣化

【資産形成商品】
項目12　人によってリスク許容度は異なるが、仮により高いリターンを得ようとする場合には、より高いリスクを伴うことの理解
項目13　資産形成における分散（運用資産の分散、投資時期の分散）の効果の理解
項目14　資産形成における長期運用の効果の理解

４．外部の知見の適切な活用
項目15　金融商品を利用するにあたり、外部の知見を適切に活用する必要性の理解

（出所）金融庁金融研究センターwebサイト

「資産形成商品では、資産運用の分散、投資時期の分散…」
「ここ読んで」

　たまきさんがある箇所を指差します。

「身に付けるべき15項目の、資産形成商品における項目には、"人によってリスク許容度は異なるが、仮により高いリターンを得ようとする場合には、より高いリスクを伴うことの理解"とか、"運用資産の分散、投資時期の分散の効果の理解"といった資産形成における分散、それから"資産形成における長期運用の効果の理解"ってまとめられてるの」
「まず、リターンとリスクの関係、分散、長期、ですか？」
「ひと言ずつにまとめればそうね」
「ん…」
「何よ」
「学校で習わなかった人はどうすればいいんですか？」
「そうね」

「投資信託って、いっぱい種類があるじゃないですか。ウチの銀行で販売してるのはその一部ですけど、でも、これだけの種類の中から選ぶのって、難しいですよね」
「両面あるかもね。いろいろなニーズに応えられるということはいいことでしょ。個人の資産ではできない投資が可能なの。法律の改正も重ねられて、いろいろなタイプのファンドがあるわ」
「雪田さん、でも、僕思うんですけど、まずリスクとリターンの関係を知っていただいて、それから資産の分散の効果を知っていただいて、時間の分散の効果を知っていただいて、えーっとそれから、長期の効果。で、それから、たくさんあるファンドをご説明して、あー、投信の説明ってたくさんありすぎます…」
「発想を変えてみてよ」
「ん？　どう変えればいいんですか？」
「私たちは、販売を通じて、リスク・リターンや、資産の分散効果をご案内するのよ」
「販売を通じて…ですか？」
「そう。たとえば、たとえばよ、"バランスファンドの積立"をご案内すると考えてみて」
「バランスファンドの積立…」
「今言ったすべてを説明することになるでしょ」
「すべて…ん…ん？　すべて…ファンドの説明で…販売を通じて…」

　厚くんは、たまきさんの言葉を頭の中で反芻しているようですね。皆さんはどう思われますか？　販売を通じて金融リテラシーの基本を知っていただくというたまきさんの言葉、共感されますか？　金融リテラシーについては、PART 5であらためてふれます。
　たまきさんがたとえた、バランスファンドについて、たまきさんの意図を考えてみましょう。

● バランスファンド〜資産の分散の効果

　バランスファンドは、国内外の株式や債券、不動産、また海外の場合は、新興国と先進国という資産クラスにも分けられるでしょう。資産の流動性も考え合わせて組み

45

合わされたファンドとします。そして、さらにお客さまの家計のポートフォリオにおいて、安全性の高い預貯金が加わると、考えられる限りの資産の分散ができることになります。

"資産の分散の効果"をご説明するという場合に、十分に分散されたファンドについてであれば、「資産の組み合わせの例」とか「資産の組み合わせの見本」としてご案内できるともいえるのではないでしょうか。過去のパフォーマンスをリスクと合わせて説明することで、投資にあまりなじみのないお客さまに、分散投資や長期投資を実行、実感していただくということにもなるでしょう。

資産の分散の効果は、投資理論の基本であり、数学で表されることですが、日本には古くから、資産を土地・現金・株式に分けるといった「財産三分法」という「知恵」があります。たとえば、その3つの資産のうち、土地の代わりに1998年と2000年の投信法改正によって組成が可能となった国内外のREIT、また現金の代わりに国内外の債券、そして国内外の株式といった資産に分散することで、「財産三分法」という知恵をふまえた分散投資がファンド1つで実現するわけです。

●バランスファンドの資産配分を調整する機能

バランスファンドには、資産の分散のほかに、資産配分を調整する機能があります。あらかじめ資産の配分を決めていても、市場は値動きするため、当初の資産配分は変わっていきます。たとえば、債券7割、株式2割、不動産1割の割合で投資していたとき、株式が値上がりすると資産全体に占める株式資産の割合は高くなります。多くの人は投資において、安いときに買って高いときに売るという理想を求めます。しかし個人の投資行動としては、株式の資産が上昇すると、もっと高くなると考えてなかなか換金に踏み切れません。反対に価値が下がると、もっと下がると思います。その結果、理想とは逆の、上がったときに買って、下がったときに売るという行動になってしまいがちです。

その点、資産の配分を決めてあるバランスファンドの場合、運用方針に従って資産配分を当初の割合に戻しますから、初めに決めた資産配分が保たれ、上がった資産を売って、下がった資産を買うことによる信託財産の成長が期待できます。

バランスファンドは、年金の運用と同様のスタイルをとっているものが多いです。パッシブタイプで、代表的なインデックス指数に連動するタイプのバランスファンド

であれば、投資経験の少ないお客さまにとっても、リスクの認識が容易で投資成果がわかりやすく、資産分散が容易なので、個人のレベルで年金運用と同様の運用スタイルを実現できる運用方法ともいえます。

　投資信託の特徴は、前で述べましたように、「小口」「分散」「専門家運用」ですが、バランスファンドはそれらを具体化した、投資信託らしい投資信託と言えます。

　バランスファンドには、ターゲットリスク（資産の配分があらかじめ決めてある）タイプと、ターゲットイヤー（目標時期までの年数に応じて資産の配分を変えていく）タイプがあります。どちらも1つのファンドに投資することで、資産を分けることが可能になります。

●米国と日本の個人投資

　個人投資が普及している国、たとえば米国では、将来の年金資産を作るため、確定拠出年金を通じた投資信託の利用が拡大しています。しかし、多くの人々は、一度投資をすると、年齢やリスク許容度の変化に応じて運用の中身を見直すといったことはなかなか行えないようです。そんな事実が明らかになってきて、それに対応するために、自動的に資産配分を見直していくターゲットイヤーファンドを提供する企業が増えて、やがて投資知識の乏しい従業員については、ターゲットイヤーファンドが投資対象として適当であると考えられるようになりました。

　一方、日本においては、若いときから退職に向けて資産を作っていくという意識が、まだ遅れていると言われています。個人の自助努力の必要性と、そのための金融リテラシー向上という観点からも、バランスファンドのご案内は、投資の基本知識や基本的な投資方法についての情報提供の方法の1つとも言えるかもしれませんね。

●ファミリーファンド、ファンド・オブ・ファンズ

　日本の公募投資信託は、投資信託協会が制定した「商品分類に関する指針」において、次の図のように分類されています。

　この「属性区分表」の中の、「投資形態」を見てください。2つの投資形態が記述されています。その1つのファミリーファンド方式とは、複数のファンドを1つのファンドで合同運用する方式です。

　運用は「マザーファンド」で合同して運用し、その受益証券を各「ベビーファン

＜日本の公募投資信託の分類＞

商品分類表					
単位型・追加型	投資対象地域	投資対象資産（収益の源泉）	独立区分	補足分類
単位型 追加型	国内 海外 内外	株式 債券 不動産投信 その他資産 資産複合	MMF MRF ETF	インデックス型 特殊型

属性区分表							
投資対象資産	決算頻度	投資対象地域	投資形態	為替ヘッジ	対象インデックス	特殊型	
株式 　一般 　大型株 　中小型株 債券 　一般 　公債 　社債 　その他債券 　クレジット属性 不動産投信 その他資産 資産複合 　資産配分固定型 　資産配分変更型	年1回 年2回 年4回 年6回 （隔月） 年12回 （毎月） 日々 その他	グローバル 日本 北米 欧州 アジア オセアニア 中南米 アフリカ 中近東 （中東） エマージング	ファミリーファンド ファンド・オブ・ファンズ	あり なし	日経225 TOPIX その他	ブル・ベア型 条件付運用型 ロング・ショート型／ 絶対収益追求型 その他	

（出所）「商品分類に関する指針」投資信託協会

ド」が購入します。投資家は「ベビーファンド」を買い付け、その資金は「マザーファンド」で合同して実質的に運用されます。投資家が投資する投資信託「ベビーファンド」が、その資金を「マザーファンド」に投資して、実質的な運用を行います。「ベビー」「マザー」と呼ぶので、あわせて「ファミリーファンド」と呼ばれます。

<ファミリーファンドの例>

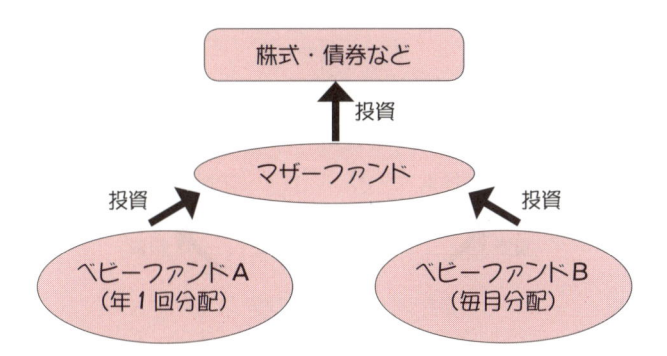

マザーファンドとベビーファンドを組み合わせた仕組みをファミリーファンドと呼びます。この例では、運用会社は低コストで分配の仕方が異なる2つの投資信託を組成できます。

（出所）投資信託協会webサイト

　ファミリーファンド方式は、1970年に、毎月募集（定時定型）の単位型投資信託に用いられました。投資対象や運用方針などが同じファンドを、1つのファンドで合同して運用することによって、有価証券の売買やファンドの運営などのコストや、信託財産の管理を合理化、効率化を可能にするために制度化されたのです。

　また、あるベビーファンドの純資産が少なくても、マザーファンドでは十分な資金量を確保して運用できるというメリットもあります。公募、確定拠出年金向け、変額年金保険向けなどの異なるファンドであっても、共通のマザーファンドで運用することで、マザーファンドの運用パフォーマンスを同じように提供することができます。ほかに、たとえば、外国証券に投資するファンドに「為替ヘッジあり」「為替ヘッジなし」の2つのコースを設けて、共通のマザーファンドで運用するなど、さまざまなファンドでこの方式は活用されています。

　もう1つの「ファンド・オブ・ファンズ」とは、「複数の投資信託から成る投資信託」という言葉どおり、「投資信託」に投資する「投資信託」のことです。複数の「投資信託」を組み合わせた「投資信託のパッケージ」ということもできます。

　通常の場合、1つの投資信託の中で、「銘柄分散」「資産分散」などの分散投資が行われていますが、ファンド・オブ・ファンズでは、さらに運用会社や運用スタイルの分散なども図ることができます。ファンド・オブ・ファンズは、米国では1960年代

<ファンド・オブ・ファンズの例>

```
        株式・債券など
         ↑投資    ↑投資
     ファンドA    ファンドB
         ↑投資    ↑投資
       ファンド・オブ・ファンズ
```

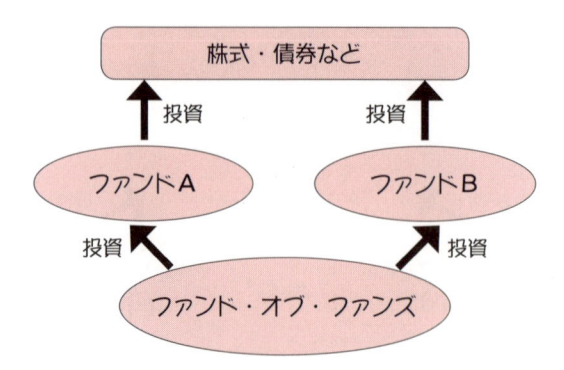

　ファンド・オブ・ファンズは、複数の投資信託に投資する投資信託のことです。
　この例では、ファンド・オブ・ファンズは、ファンドAとファンドBに投資を行い、ファンドAとファンドBの成果を受けることができます。
　なお、ファンド・オブ・ファンズは、信託報酬を2重に支払っていることに注意する必要があります。

（出所）投資信託協会 web サイト

以前から活用されていた仕組みで「FoFs」と表記され、エフ・オー・エフとも呼ばれます。

● **ファンド・オブ・ファンズの特長**

　ファンド・オブ・ファンズには、他社の運用するファンドを組み入れるものと、自社の運用するファンドを組み入れるものがあります。メリットとしては、次のようなことが挙げられます。

- ・専門分野に強いマネージャーが運用するファンド（たとえばエマージング市場に投資するファンド、ベンチャー企業に投資するファンドなど）に投資することによって他人（他社）の運用力を活用することができる
- ・運用会社やファンドマネージャーの分散を図ることができる
- ・小規模ファンドが、すでに存在する他の大規模ファンドに投資することで、規模のメリットを期待できることになる

　日本では1999年の法律改正で導入されました。他の運用会社のファンドであっても100％組み入れられるファンド・オブ・ファンズの設立が可能になったのです。

それによって、確定拠出年金用のライフ・サイクル・ファンドへの活用や、投信ラップアカウントへの対応、ベンチャー分野や証券化商品、ヘッジファンドなどの新分野への投資について専門家の利用といったことにも活用されるようになりました。現在では、多数の資産クラスに分散投資するタイプや、複数の不動産投信（REIT）に投資するタイプなど、さまざまな目的で活用されています。

●ファミリーファンドとファンド・オブ・ファンズの違い

　両者は、"投資信託に投資する"という点では共通していますが、どのような違いがあるのでしょうか。

　まず、「ファンド・オブ・ファンズ」が投資対象とするファンドは、自社のファンドには限らず他の運用会社の場合もありますし、直接投資家が購入できるファンドにも投資できます。一方の「ファミリーファンド方式」は、運用の効率化を目的にしていますので、マザーファンドとベビーファンドは同一の運用会社のファンドに限られます。それから、マザーファンドを直接投資家が購入することはできません。

　コストの面で比較してみましょう。「ファンド・オブ・ファンズ」の投資対象ファンドは、通常、信託報酬が徴収されますが、「ファミリーファンド方式」のマザーファンドは、信託報酬が徴収されません。

　その他、ファンド・オブ・ファンズは投資信託以外の有価証券には投資できないことになっています。そして「複数の投資信託を組み入れなくてはならない」などの制約がありますが、ファミリーファンド方式にはそのような制約はないなど、運用上の相違もあります。

　この2つの方式を知った厚くんが、たまきさんに質問します。

Scene 9 ｜ たくさんあって選べない!?

　「雪田さん、2つの違いはわかりましたけど、ファンド・オブ・ファンズに投資するのと、自分で複数のファンドに投資するのとは同じじゃないんですか？」

　「バランスファンドのことを話したとき、雪田くん、たくさんあって選べない、って言ってたでしょ」

　「はい」

「ベースとなることはわかっていただいたとしても、具体的にどの投資信託を選んだらいいのかわからない、ってことはあると思わない？」
「…思います」
「どんな比率で投資したらいいの、って思わない？」
「あ、思います。もっと思います」
「ファンド分析をしたうえで、"こんなファンドをこんな比率で組み合わせます"っていうように例示されたら、選びやすいと思わない？」
「なるほど…」
「"ファンド・オブ・ファンズ"は、良いファンドを選んで、何らかの根拠をもった比率で組み合わせの比率を示してくれる、っていうことがトクチョウね。トクチョウのチョウは、こっちよ」

たまきさんは、持っていた紙を裏返して、"長"と書きました。

「最近では個人のお客さまに保有していただく公募投資信託の仕組みが複雑化してきたって指摘されてるの。ファンド・オブ・ファンズとファミリーファンドの複合型もあるし…」
「それは難しそうですね」
「お客さまにご説明できるように、まずは２つの違いをちゃんと整理するのよ」
「はい」

4 │ 投資信託の費用

Scene 10 │ 投資信託の"導管"って？

　ある日の夕方です。ダッダッダッと会議室に駆け上がってくる人がいます。田辺さんです。
「たまきさ～ん、雨が降ってきましたよ」
「あら、もう、こんな時間。天気予報どおりね」
「えっ？　やばい。僕、傘持ってきませんでした」
「雪田くんて、家は最寄駅から遠いの？」
「歩いて2、3分ってとこです」
「じゃあいいじゃない。ウチのビル、駅には地下でつながってるし。たまきさんは最寄り駅から遠いんでしたよね」
　と、田辺さん。
「うん、30分」
「すっげ遠い」

「傘なら持ってるから。それに走るし」
「え？」
二人の声が重なりました。
「このくらいの雨なら、いつものように走るから」
「いつも走るんですか？」
また二人でハモります。
「何か問題でも？」
「いいえ別に」
と、厚くん。
「たまきさん、ランナーだったんですね。とてもそんな風に見えない…」
と、田辺さん。
「それより雪田くん、導管の続き」
「あ、すみません、たまきさん。税金の勉強中だったんですね。お邪魔しました」
「友ちゃん、ありがと。課長に"残業にならないように切り上げます"って言っておいて」
「はい、了解です」

●税　制

"導管"と聞いた田辺さんは投資信託の税金のことを勉強していると思ったようです。投資信託の"導管"の意味、わかりますか？

　投資信託は、複数の投資家から集めた資金によってファンドを構築して、債券や株式などに投資、運用します。したがって、まずファンド段階で収益が発生します。組み入れた債券の利息や株式の配当金、すなわちインカムゲイン、それから売却したときの値上がり益、すなわちキャピタルゲインです。それらの収益に対しては課税されません。

　では、いつ課税されるのでしょうか。それは、分配金が支払われたときや、投資家が換金・償還によって収益を得たときです。

　日本の場合は、それぞれの収益源泉別に課税するのではなくて、ファンドの収益源として1本で課税する形式になっています。異なるのは、「株式投資信託」か「公社債投資信託」か、というファンドの種類によります。

米国では、ファンドの収益源泉別に、インカムゲインに対してはインカム税制、キャピタルゲインに対してはキャピタルゲイン税制を適用しています。投資家が、直接、株式や債券に投資した場合と同じような扱いになります。ファンドは有価証券への投資とそれにより発生する所得を分配する「パイプ」、すなわち「導管」というわけです。

　実は日本にもそうした時期がありました。しかし、収益の発生源に応じて、譲渡・配当・利子所得に区分するのは投資家にとっては難解で、簡素合理化を図るということから、簡便な課税がなされるようになりました。1953年の議論です。

　税の徴収方法は簡便ですが、投資信託の税制は改正が重ねられてきました。

●NISA（少額投資非課税制度）

　2014年からは、それまで優遇されていた株式および株式投資信託の軽減税率が廃止され、10％から、本則である20％に戻りました。それに伴って、租税特別措置法の改正によって導入されたのが「NISA（ニーサ）」です。「NISA」と表記されるのは、1999年に英国で導入された制度をモデルとしていることに拠ります。英国での名称は、Individual Savings Account で、直訳すると、「個人貯蓄口座」です。その略「ISA」に、「Nippon」の「N」がついて「NISA」と表記され、「ニーサ」という愛称で呼ばれているのです。

　NISAの正式名称は、「少額投資非課税制度」です。その名が示すとおり、預貯金などは含まれず、上場株式と公募株式投資信託などが対象です。年間100万円までにかかる配当・譲渡益の扱いが非課税となります。日本に居住する20歳以上の方が対象です。2014年から2023年の各年でNISA口座を開設することができ、各非課税期間は各5年間です。英国でもそうであったように、期間の恒久化など制度の利便性を追求した改善が期待されています。

Scene 11 「費用」と「報酬」って誰が払うもの？

　今日も朝から二人向き合って勉強会です。
「商品性についてはだいたい整理できたわよね」
「もうノートがいっぱいです。新しいノートを買ってきました」

「ちょうどいいわ。今日は投資信託の費用のことに入りましょう。お客さまから見た費用ね」
「お客さまから見た、ということは、僕らから見ると…」
「収益」
「そうですよね。大事なことだ」
「大事って、私たちの収益としてって意味？」
「もちろんですよ」
「ん…その議論はまたにするとして、お客さまにとっての費用として、まず制度を理解して」
「はい。新しいノートに書くのはちょっと気分がいいです」
「投資信託の費用は、大きくは信託報酬と販売手数料」
「新しいノートは気分が改まる感じがします。信託報酬と…販売手数料っと」
「私、聞かれたことあるのよ」
「何をですか？」
「報酬だから高いほうがいいんでしょ、って」
　厚くんの手が止まりました。そして顔を上げてたまきさんの顔をじっと見ます。
「実は、僕も、初めに販売用資料を見たとき、なんだこれは、って思ったんです」
「何のことを？」
「信託報酬です。運用管理費用のうしろにカッコ付けで書いてあるじゃないですか。費用は払うものですけど、"報酬"はもらうものですからね。反対の言葉が並んでるんで、ちょっと違和感がありました」
「以前は"信託報酬"だけだったのよ。で、この報酬は３者で按分されてるの」
　厚くんはまた目を手元のノートに移し、手が動き始めます。
「委託者である運用会社と、受託者である信託銀行。それから、私たち販売会社は運用会社の代行業務の対価として、代行報酬をいただくの」
「代行…ですか？」
「そう」
「表現としては、僕たちの立場で見た言葉ですね」
「そうね。そう言えば販売手数料もそうね」
　厚くんはデスクに右腕の肘をついて、指元で蛍光ペンをゆらします。

「そうですよ、雪田さんっ。販売手数料、っていうのはよしましょう。お客さまから見たら…そうだ、申込手数料とか、購入手数料とか」
　たまきさんが手をのばして厚くんの肘をポンとたたきます。
「肘つかない！」
「あ、はい」
「フロアで電話をとることがあったら、肘をついてはダメよ」
　たまきさんの思わぬ注意に、厚くんはちょっと戸惑った様子ですが、肘をついたまま、手を耳にあてます。
「雪田さん、お店でコーヒー飲んでるときとかに、携帯が鳴ったら、こうしませんか？」
「しない」
　次に厚くんは手をあごの下にもってきます。
「考えるとき、こんな姿勢しませんか？」
「しない」
「もっと深ーく悩むとき、こんな風に考えこんじゃったりしませんか？」
　首を下げて頭のうしろに手をあてます。
　たまきさんは黙って首を振ります。
「ちょっと頭が痛いなぁと思って、こうしておでこに手をあてるとか」

たまきさんは首を振ります。

「じゃあ…」

厚くんは、肘をついたまま別のポーズを考えます。

「とにかく、机やテーブルに肘をついちゃダメ！」

●運用管理費用（信託報酬）

　投資信託には、どのような費用がかかるのでしょうか。大きく2つあります。まずはその1つの信託報酬から。

　厚くんが言っていたように、「信託報酬」は、「運用管理費用（信託報酬）」と記載されています。これは投資信託協会の規則で、交付目論見書や販売用資料には、このように表記するように定められたことです。ですから、ここからは運用管理費用と呼びます。

　運用管理費用は、ファンドの運営当事者それぞれに対する対価です。運営当事者とは、運用する運用会社、信託財産を管理する信託銀行、販売の窓口となる販売会社です。何の対価であるか、運営当事者にとっての報酬という観点で整理してみましょう。一般には、運用会社にとっては、「ファンドの運用に対する報酬」、信託銀行にとっては、「信託財産の管理に対する報酬」、販売会社にとっては、「収益分配金や償還金の支払等代行業務に対する報酬」です。

　販売会社にとっての報酬についてもう少し説明しましょう。販売会社が受け取る報酬は、「代行報酬」とも呼ばれます。代行とは、委託会社が行う"業務の代行"という意味です。

　金融商品取引法第35条には、「金融商品取引業者は、金融商品取引業のほか、次に掲げる行為を業として行うことその他の金融商品取引業に付随する業務を行うことができる」と定められていて、投資信託委託会社の投資信託受益証券に係る収益金、償還金・解約金の支払いに係る業務の代理、累積投資契約の締結、有価証券に関連する情報の提供・助言（投資助言行為を除く）等が挙げられています。

　具体的には、以下のような業務です。これらは、「本来委託会社が行うことを、委託会社に代わって販売会社が行う」というものです。一般に販売会社がファンドを取り扱う際に交わされる委託会社と販売会社との間の契約書には、次のような業務が盛り込まれます。

- 受益証券の募集・販売の取扱い※

   ※ 2007年に「投資信託振替制度」というものが適用されることとなってからは、受益証券は発行されずに、振替機関や口座管理機関といった機関の振替口座簿という電子的な帳簿に、受益者の権利が記録されるという仕組みになっています。

- 信託契約の一部解約事務
- 受益証券の買取り
- 受益者に対する一部解約金、収益金および償還金の支払い
- 受益者に対する収益分配金の再投資事務
- 顧客に対する目論見書および信託約款の交付ならびに受益者に対する運用報告書の交付
- 社債、株式等の振替に関する法律および振替期間の業務規程等に定める「口座管理機関」としての業務
- その他上記の業務に付随する業務

　運用管理費用は、一般に、ファンドの性格や運用の難易度などによって異なります。率は、「信託報酬率（年率）」として、信託約款に規定されています。法律による上限の規定はありません。投資信託委託会社、受託会社、販売会社への配分割合もあらかじめ定められています。それは目論見書に明記されています。

●運用管理費用（信託報酬）の計上

　運用管理費用の計算について説明しましょう。ここからは「信託報酬」と呼びます。毎日、基準価額の算出において、純資産総額に信託報酬率を乗じて、1日分に按分し算出されます。そして、受託会社に対する信託報酬（受託者報酬）が算出されて、次に投資信託委託会社に対する信託報酬（委託者報酬）が算出されます。

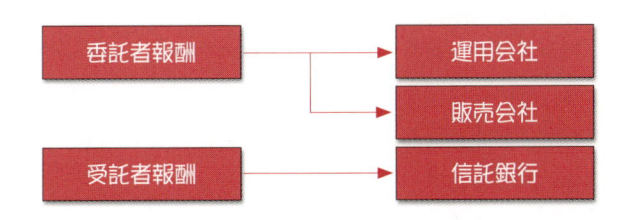

委託者報酬 → 運用会社
委託者報酬 → 販売会社
受託者報酬 → 信託銀行

　それぞれ未払受託者報酬および未払委託者報酬として日々計上され、未払計上された報酬は、毎決算期末または半期末に信託財産から受託会社と投資信託委託会社へ支

払われます。販売会社に対する信託報酬は、代行報酬として未払委託者報酬に含まれていて、投資信託委託会社から販売会社へ支払われます。

信託報酬は述べましたように、毎日計算されて基準価額に織り込まれる形で日々信託財産から控除されています。そのことから、受益者が負担する他の直接的な負担費用（買い付け時の販売手数料や、収益分配金受け取り時、換金時の利益に係る所得税等）に対し、組入有価証券等の売買手数料などと合わせて間接的な負担費用と解されます。

投資信託を運営するうえで発生する役務（サービス）に対する手数料・報酬等は消費税の対象となり、受益者の負担となりますが、例外として、公社債投資信託の信託報酬のうちの委託会社報酬および受託会社報酬には消費税は課されません。公社債投資信託は金利収益を追求する金融取引であるとの解釈から、金融取引を対価とする役務の提供等の範疇に含まれているからです。

追加型株式投資信託の中には、投資信託委託会社の信託報酬を運用実績に応じる「成功報酬」を徴収するファンドもあります。徴収の仕方にはいくつかの方法があります。たとえば、基準価額の「最高値」を超えた場合に、その超過額に対して一定率を「成功報酬」として徴収するもの。ほかに、日々の基準価額が、計算期の初めに決めた「一定の価格」を上回った場合、差額の一定率を実績報酬として徴収するもの。さらに、日次騰落率から参考指数の日次騰落率を差し引いた率の一定率を徴収するものもあります。

また、信託報酬率を純資産総額の残高に応じて変えるファンドもあります。

●販売手数料

次に販売手数料です。

販売会社は、投資信託受益証券の募集取扱業務の報酬として、販売手数料を徴収します。法律による上限の規定はありません。料率は委託会社が各ファンドごとに設定した率を上限として、販売会社が自由に決めることになっています。ですから、販売会社によって募集・販売手数料が異なる場合があります。

徴収の仕方は2つあります。

単位型投資信託の場合、一般的に募集手数料は設定時に信託財産から差し引かれて、販売会社に支払われます。ファンドの運用資金は募集手数料控除後の資金となる

ので、募集手数料が2％の場合、基準価額は1万円から216円（消費税8％を含む）を差し引いた9,784円からスタートすることになります。これを「内枠方式」といいます。実際の設定日の基準価額は、有価証券の組入れに伴う買い付け手数料等が信託財産から差し引かれますので、この価額になるとは限りません。

追加型投資信託の場合は、反対で「外枠方式」といいます。販売会社で徴収されたあとで、販売手数料控除済みの金額が信託財産に加えられるのが一般的です。公社債投資信託は、現在すべてが販売時の手数料は無料で、換金時に解約手数料として徴収しています。株式投資信託においては、まれに換金時に徴収するファンドがあるものの、ほとんどは販売時に一括して徴収します。

ちょっとここで、一括して支払う販売手数料について、「経費率」という観点で考えてみましょう。たとえば、手数料が2％の場合（消費税は考慮しないものとします）、1年で換金された場合は、お客さまにとって1年間の経費率としては2％ですが、2年保有した場合は、2％÷2で、1％となります。もし5年保有した場合は、2％÷5で、0.4％となります。長く保有すればするほど、一時期に支払った費用は「年間経費率」としては薄まっていきます。下の図のように、「年間経費率」が小さくなれば、お客さまにとってのネットリターンは高まります。

＜顧客ネットリターン（年率グロスリターン5％、信託報酬1％、手数料2％の場合）＞

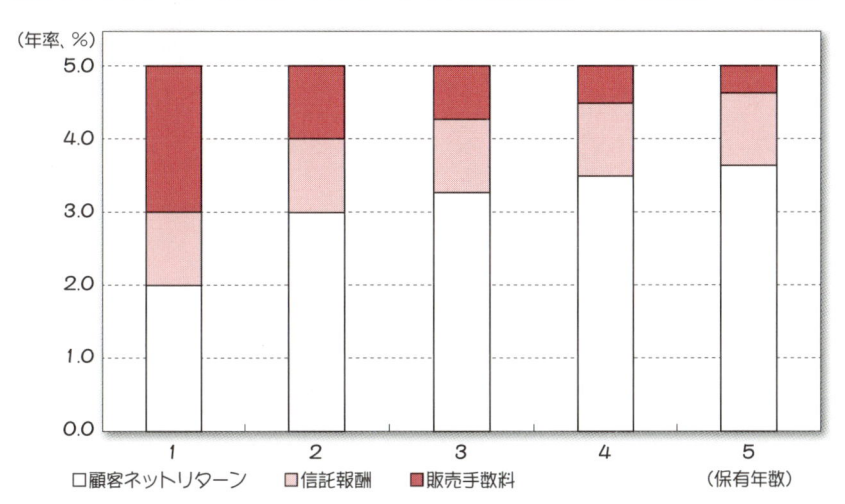

保有年数	顧客ネットリターン	信託報酬	販売手数料
1	2.0	1.0	2.0
2	3.0	1.0	1.0
3	3.25	1.0	0.67
4	3.5	1.0	0.5
5	3.6	1.0	0.4

（年率、％）

Column ①
投資信託の原点

　世界初の投資信託は、1868年にイギリスで誕生した「Foreign and Colonial Investment Trust」と言われています。どのような目的をもって誕生したのでしょうか。これはその設立時に目論見書に記されていた「目的」です。

　「このトラストの目的は、多くの種類の証券に分散投資を行いかつ余剰金収入の一部を元本返済のために減債基金として積み立てることにより、外国および植民地政府証券投資の危険減少を図り、中流階級の投資家にも大投資家と同様な利益を享受せしめることにある。」

　ポートフォリオ理論が確立される、はるか前のことですが、その当時において大投資家に比較して情報が少ないとか経験がないといった中小投資家の弱点を補う方法として、共同して投資し、それによって分散することを生み出しました。

　難しい理屈がなくても、必要に応じて自然に生み出された小口投資家の知恵です。

　これが投資信託の原点ですが、すでに投資信託の3原則(小口投資、分散投資、専門家による運用)の仕組みが確立しています。ちなみにこのファンドは、今も現存しており、実に140年以上もの間、運用されています。

Column ②
「ミューチュアル・ファンド」の語源

　アメリカの投資信託は「会社型投資信託」にあたり、「ミューチュアル・ファンド（mutual fund）」と呼ばれます。

　世界恐慌後、1930年代のアメリカでは、詐欺的・濫用的な投資会社が乱立しており、これらの活動を規制するために1940年投資会社法の制定が審議されました。そうしたなか、「ミューチュアル・ファンド」の呼び名は、上院の公聴会におけるSEC（アメリカ証券取引委員会）のデビッド・シェンカー委員の次のような発言から生まれたようです。

　「投資会社についての我々の考えは、それが『相互的な事業』（ミューチュアル・エンタープライズ）であるということにあります。すなわち、株主相互は均等であるべきですから、証券保有者の間には何ら対立があってはなりません。したがってそれは一種類の証券しかないということであります。すべての株主は共通の事業にパートナーとなるのであり、損益を共にするものであります」

　ミューチュアル（mutual）は、「相互の、互いの」という意味をもつ言葉であり、投資家相互が公平に運用益を得ることが強調されています。この「ミューチュアル・エンタープライズ」が転じて「ミューチュアル・インベスト・ファンド」「ミューチュアル・ファンド」となったとされています。

　投資信託は、多数の投資家から小口資金を集めてまとまった資金を形成することで、初めて専門家運用、分散投資などのメリットが実現される集団投資スキームです。

　語源からも、投資信託という制度の精神をうかがい知ることができますね。

（参考）日本投資信託制度研究所編『ゼミナール 投資信託の商品・サービス革命』（東洋経済新報社、1997年2月）

Column ③
ナインキー・クエスチョンズ

　個々のファンドの特徴を、どのように理解していますか？　また、どのようにお客さまにご説明していますか？　自分に合ったファンドなのかどうか、どのような観点から理解していただいたらよいのでしょうか？
　アメリカの投資信託協会（INVESTMENT COMPANY INSTITUTE (ICI)）が、一般投資家に対して、「ファンドに投資する前に9つの項目をチェックしましょう」として周知していた「Nine Key Questions」は、そのようなことのご参考になるでしょう。
　9つとは…
① What's is the fund's goal ?
② What's is the fund's investment strategy ?
③ What are the main risks of investing in the fund ?
④ What are the fund's fees and expenses ?
⑤ Who manages the fund ?
⑥ How do I buy the fund's shares ?
⑦ How do I sell the fund's shares ?
⑧ How are the fund's distributions made and taxed ?
⑨ What services are available from the fund ?

　まず1番目は、「What's is the fund's goal ?」
　ファンドのゴール、つまり「目的」です。資産を増やすのが目的であれば、長期的に投資対象の価値を高めることを目標にしなければなりません。あるいは安定性のために投資するなら、資産が損失しないことが重要な目標となります。ファンドの目的が、投資する目的に合っているかどうか、まず第1番目に確認すべきことでしょう。
　2番目は、「What's is the fund's investment strategy ?」
　「投資戦略」です。たとえば、退職後の資金のための運用のように長期にわたる投資であれば、長期的に成長する可能性のある株式に投資するファンド

を選ぶ、というように、自分の投資目的に合った運用をしているファンドを選ばなければなりません。

3番目は、「What are the main risks of investing in the fund?」

主要な「リスク」です。金利上昇リスク、信用リスク、流動性リスク、為替リスク、地政リスクなどです。

4番目は、「What are the fund's fees and expenses?」

フィーとエクスペンス、要するに「コスト」です。目論見書で簡単に確認できますから、自分にふさわしい（許容できる）コストのファンドを選ぶ必要があります。

5番目は「Who manages the fund?」

ファンドマネージャーが誰か、ということです。誰が、いかに、どういう場合やタイミングで投資資産を決めているのかを知ることです。

6番目と7番目は、「How do I buy the fund's shares?」「How do I sell the fund's shares ?」

「どのような経路で取引を行うのか」ということです。

8番目は、「How are the fund's distributions made and taxed?」

ファンドの収益に係る「税金」です。

最後の9番目は、「What services are available from the fund?」

利用可能な付加的「サービス」です。たとえば、無手数料での他のファンドへのスイッチング、自動積立、自動引出し等のサービスが利用できるかということです。

以上の9つのクエスチョン、少し簡潔に7つにアレンジしてみます。

1．ファンドの目的…どんな目的をもって運用するの？
2．運用内容（投資対象）…目標を達成するために何に投資するの？
3．リスク…価値の変動に影響を与えることは何？
4．費用…どんな費用がいくらかかるの？
5．手続き…購入、換金手続きで気をつけることは？

6．サービス…付随サービスはあるの？
7．運用する会社…運用するのはどんな会社？

　自分に合った商品なのか判断するときは、まず、投資する目的が定まっているかどうかが大切ですね。そこからスタートして、ファンドの特徴をつかんでいただきましょう。

PART 2

コンサルティングの前に…

1 | 投資の基本

Scene 12 | 初めてのランチ

　今日は朝から雨降りです。お昼近くなって…
「リターンの計算はここまでで、お昼からはリスクね」
「はい」
「雪田くん、ランチはいつもどうしてるの？」
「近くのお店に行ってます。ずいぶん開拓が進みました」
「たまには一緒に行こうか」
「ええーっ、どうしたんですかー？」
「いつもの野菜サンドが売り切れちゃって」
「僕は大歓迎です。ランチをはさめば心が開くって言うじゃないですか」
「聞いたことないわ」
「サンドウィッチ、毎日売り切れちゃってください」
　厚くんは机の上のノートや資料をかき集めるように片付け始めます。
「友ちゃんの時間が合えば、友ちゃんも一緒に。15分後に裏口に集合って伝えて。私、先に行ってるから」
「はい。リョーカイです。あれっ、ペンが1本足りない。ノートの下かな？　あれー？」

　15分後の1階の裏口です。
「たまきさんすみません、お待たせしました」
　お財布を持った田辺さんが小走りにやってきます。
「あれっ？　雪田くんは？」
「蛍光ペンが1本足りないとかって言って探してる」
「そう言えば机の上に蛍光ペンがたくさんありましたね」
「10本持ってるんだって」
「蛍光ペンって、10色もあるんですか？」

「あるのよ、それが」
「ウチの共有文房具としてあるのは…」
田辺さんは指を折って数えます。
「5色ですよ」
「私はピンク1色しか使わない」
「それはそれで珍しくないですか？」
「今日窓口はどう？　雨の日のお昼って、若い会社員のお客さまが多いでしょ」
「ウチって、近くのオフィスの会社員のお客さまが多いですからね。なので、一応ちょっと早めに戻ります」
厚くんが小走りよりも早い感じに走ってやってきます。
「すみませ～ん、お待たせしましたー」
「蛍光ペン、あったの？」
「ありました。机の下に1本落ちてました」
　3人は裏口の扉を押して、たまきさんを先頭に地下に向かう階段を降りていきます。
「お店どこにします？　雪田くんはよくどこに行くの？」
「中華のお店です。食べたことありませんか？　ここのラーメン、めっちゃおいしいですよ」
　3人が入ったのは、厚くんがよく行くという、"角の中華"です。
「この店はチャーシューメンがおいしいんです」
「じゃあ私も。たまきさんは？」
「私はチャーハン」

「雪田さん、チャーシューメン食べてみてください。チャーシューがたまらなくうまいですから」
「中華ではチャーハンって決めてるの」
「たまきさん、そうなんですか？」
「そうよ。ご飯のかたさ、いため方、チャーハンがおいしければ間違いないのよ」
「僕もチャーハンにしますっ」
「雪田くん、それはないんじゃない？　私はチャーシューメンを食べるわ」
　3人はそれぞれ注文して、そろってお水を飲みます。
「今日は何の勉強してたんですか？」
「午前中はポートフォリオのリターンの計算でした」
「あぁそうだったの。たまきさん、それで一緒に雪田くんとランチなんですね」
「え、え？　それ、どういう意味ですか？」
「雪田くん、あのね、ノーフリーランチなの。聞いたことある？」
「ノーフリーランチ？　ノーフリー？　ランチ？　ってことは、お金を払わないランチ、ってことですか？　いや、僕、自分の分は払いますよ」
「リスク・プレミアムをどう計算するかって、キャップエムとエーピーティーの2つの理論があってね、エーピーティーでは、十分に発達した市場にフリーランチはない、っていう原理を使って、資産のリスク・プレミアムを求めるの。でしたよね、たまきさん」
「田辺さん、なんの話ですか？」
「あのね、リスクなしにリターンを得る、ってことを"無料のランチ"にたとえて、そんなことは市場にはない、っていう意味」
「無料のランチ…あ、"タダ飯はない"ってことですか？」
「ダンシっぽい表現ね。まぁそういうことよ」
「"タダ飯はない"…楽に利益を得られることはない…それって、市場だけのことじゃないですよね。何かを得るのに楽なことなんて、人生ないじゃないですか」
「雪田くん、意外に悟ってるね」
「そういうことが根底にあるんですか？　難しい話じゃないように思えてきました」
　たまきさんは二人の会話をだまって聞いています。
「お待たせしました〜」

チャーハン2つとチャーシューメンが1つテーブルにきました。
「きたきた。いただきまーす。うわっ、チャーハン、うまっ」
田辺さんは一人でチャーシューメンを食べます。
「雪田くん、チャーシューメン、たしかにおいしいよ」

● リスクとリターン

楽しいランチだったようですね。
2人が午前中に勉強したというのは、ポートフォリオの計算でした。ポートフォリオのリターンとは、たとえば、2つの資産AとBでポートフォリオを構築するとき、個々の資産の収益率RがR_A、R_Bとして、ポートフォリオ（P）の収益率R_Pは、構成比率（W）を、$W_A + W_B = 1$ として、

$R_P = W_A R_A + W_B R_B$ となります。

たとえば、過去1年間の資産Aのリターンが12％、資産Bのリターンが8％として、資産全体の2割をAに、8割をBに分けて投資したら、

$R_P = 0.2 × 12\% + 0.8 × 8\% = 8.8\%$ となります。

例として過去1年間のリターンを12％、8％としましたが、変動する金融商品の場合、期待しているリターンを予想どおりに得られない可能性があります。予想どおりにリターンを得られない可能性とは、リターンの"振れ幅"ということができます。
たとえば、次のようにリターンが変動するとします。

（1期）16％ →（2期）－8％ →（3期）28％

ある期は16％だったのに、次の期は－8％です。そして次の期は28％でした。このようなリターンの振れ幅を「リスク」と呼びます。現在、価格がついていても、その価格が将来いくらになるかわからない、上がるかもしれないし、下がるかもしれない。大幅に上がるかもしれないし、下がってしまうかもしれない。こうしたことを、どうなるかわからないので「不確実性がある」「リスクがある」という言い方をします。どうなるかわからないものを確率分布でとらえてみて、その幅が大きなものを「リスクが大きい」、幅が小さいものを「リスクが小さい」と言います。

Scene 13 "リスクあるなぁ"

　二人の午後の勉強は、この「リスク」からです。
「リスクは、ひと言で言えば不確実性のことよ」
「不確実性ですが…　僕らの普段の生活では、リスクあるって言うときは、危険がある、っていう意味です。"それはリスクあるよ"って言うときは、予測できないマイナスの事態っていうか、危険な事態とか、そんな意味で使いますよ。たとえば、"この場面でこのピッチャーを使うか？　リスクあるなぁ"って言うときは、打たれる事態を予測して言ってます。大抵そうですよ。良くない事態を想定して、"リスクある"って言います」
「雪田くん、野球するの？」
　厚くんは笑顔でうなずきます。
「その"リスクあるなぁ"って、"勇気があるなぁ"って意味もない？」
「勇気…ですか？」

「リスクの語源は"勇気をもって試みる"なのよ」
「へぇ〜。通じてるんですね」
「私たちが、リスクがあります、ってご説明すると、お客さまには、元本が減ることがあります、ってとらえられがち。それはそれで大切なんだけど…」
「変動の中でマイナスになることも含まれる、ってことなんですよね」
「そうよ」
「雪田さん、お客さまに元本が減ってしまう可能性がある、ってことが伝われば、それでいいんじゃないんですか？」
「ん…」
たまきさんは考えます。
「そうも言えるかもしれないけど、今は、リスクとは、リターンの散らばり、って思ってくれないと、分散の意味がわからなくなってしまうわ」
「分散？　ですか？」
「そう、資産を分けること。その効果。ずっと昔からあった考えなの。ただ、理論的にまとめられたものは示されていなかったの」
「理論的って？」
「つまり定式化」
「どんな式ですか？」
「こんな式」

$$\sigma_P{}^2 = w_A{}^2 \sigma_A{}^2 + w_B{}^2 \sigma_B{}^2 + 2 w_A w_B \sigma_A \sigma_B \rho_{AB}$$

「え？　なんですかこれ？」
「リスクの式」
「雪田さんが考えたんですか？」
「マーコビッツさん」
「誰ですか？　雪田さん会ったことあるんですか？」
「ないわよ。はい、計算してみるわよ」

●標準偏差の計算

では計算しましょう。ここではたまきさんの式はいったん忘れてくださいね。

まず、リスクです。リターンの散らばり度合い、これを「標準偏差」という値として、先ほどの例で計算してみます。

（1期）16% →（2期）−8% →（3期）28%

3期間の平均リターンは 12% です。リターンの平均値からの散らばりを計算するのは、このような式になります。

$$\sqrt{\frac{(16.0-12)^2+(-8-12)^2+(28-12)^2}{3}}$$

これは一体何を計算しているのでしょう。

2乗するということは、正方形の面積を求めるようなものです。そして、合計値を平方根すると、正方形の一辺を求めるようなものとなるのです。

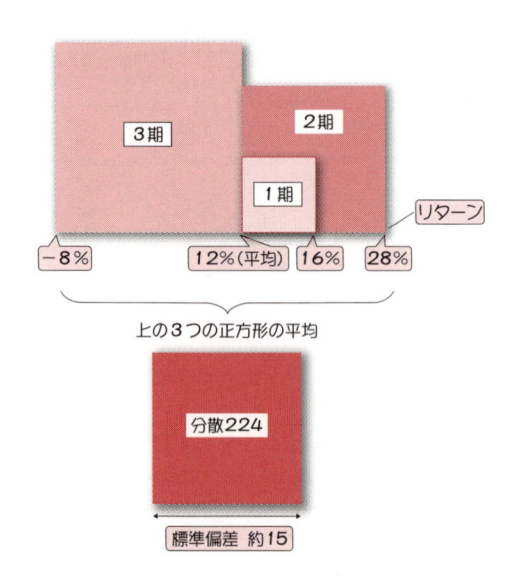

計算の結果は、 $= 224$　そして　$\sqrt{224} = 14.96\cdots$

答えは、標準偏差約15%となります。

ここまで標準偏差を計算してきました。この標準偏差を使って、さらに収益率の計算をしてみます。

皆さん、下のような図はご覧になったことありますか？　一般に、多数のデータを集めて分析すると、このような図が描かれることが知られています。

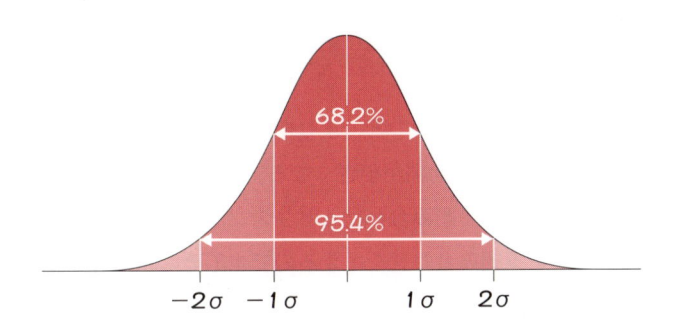

たとえば、テストの成績などでは、平均点の近くの人が多くて（図の真ん中の、山になっているあたりです）、そして図の左右の裾のあたりの点数の人が少なくなるというわけです。このような釣鐘型の「分布」のことを「正規分布」と言います。たとえば、全国の高校生の身長や体重の分布など、多くの分布の型は、正規分布であると言われています。

正規分布においては、平均値と標準偏差（σ）の値によって、この図の中のどこに位置するかがわかります。横軸の平均値を中心にして－1σ（シグマ）から＋1σ（シグマ）の範囲に入る確率が約68％、－2σから＋2σの範囲に入る確率が約95％というわけです。

すると、さっき計算した収益率が正規分布であるとすれば、その平均値と標準偏差を用いると、約68％の確率で、27％（＝12％（平均リターン）＋15％（標準偏差））から－3％（＝12％（平均リターン）－15％（標準偏差））の収益率になる、と予想することができるのです。

では、たまきさんが書いた式に戻ります。たまきさんが書いた式は、2つの資産で構成するPというポートフォリオのリスクを計算しています。

$$\sigma_P{}^2 = w_A{}^2 \sigma_A{}^2 + w_B{}^2 \sigma_B{}^2 + 2w_A w_B \sigma_A \sigma_B \rho_{AB}$$

　左辺が組み合わせたときの分散です。右辺の最後にはρ（"ロー"と読みます）という項があります。これは、2つの資産の動きがどれだけ関連しているかということを示す分散効果をもたらすものです。"共分散"といいます。
　たまきさんが話していたマーコビッツという人は、「期待リターン」と「リスク」と「共分散」という3つの変数から最適な組み合わせがわかる、ということを唱えたのです。
　価値が変動する金融商品を複数持つと、より変動にさらされるのではなくて、動きの違うものを組み合わせれば変動幅が小さくなる、つまりリスクは小さくなります。異なる動きをするものをうまく組み合わせるとリスクが減る、リスクは減るけれどもリターンは減らないという組み合わせを考えるのです。その組み合わせを見つけるためには、ある尺度が使われます。

●資産間の相関

　それは、資産同士の相関です。これを表す数値を相関係数と言います。では、相関係数を計算してみましょう。
　先ほどの
　　（1期）16％ →（2期）－8％ →（3期）28％
は、平均リターン12％、リスク約15％でしたね。こちらの資産をAと名づけます。もう1つ、次のような変動をする資産があるとして、これを、Bという資産と想定します。
　　（1期）－5％ →（2期）20％ →（3期）10％

　B資産は、平均リターン約8％、リスク約10％になります。
　1期、2期、3期、それぞれの期で、AとB、2つの資産の動きはどうでしょうか。動きの違いと関係を数値化する方法はどのような手順でしょうか。
　まず、平均値から離れている度合いを計算して、それを掛け合わせます。それは先に説明したとおり、四角の面積を求めるようなことになります。そして3期分の平均を求めます。A資産とB資産で計算してみましょう。

A資産の1期目は、A資産は＋16％で、平均リターンの12％に比べると＋4％でした。同じ1期目、B資産は－5％で、平均リターンの8％からは、－13％という動きでした。

　これを図にすると、このようになります。

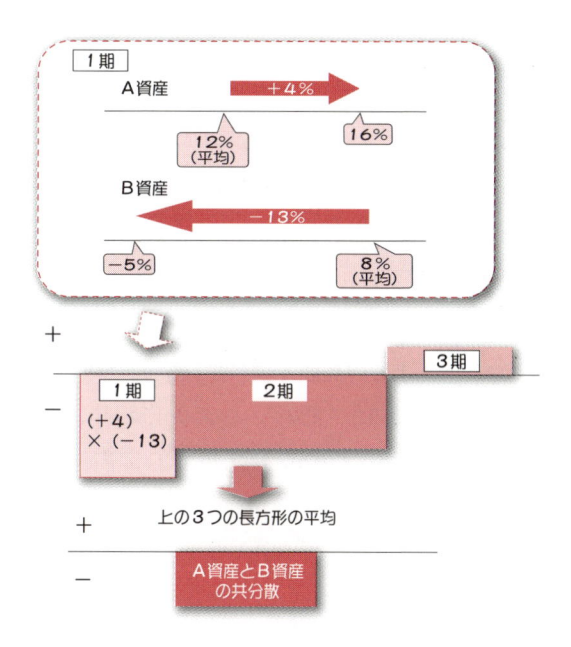

　平均のリターン値から比べて、プラスの方向に離れているのか、マイナスの方向に離れているのか、同じ時期でも資産によって方向が違います。

　第1期と第2期は、一方はプラス、一方はマイナスと、別の方向に動いています。第3期は同じ方向です。

　先ほど標準偏差を計算するときは、平均値からの散らばりを計算するときに2乗しました。それは同一資産だったので同じ数字を掛け合わせ、正方形の面積を求めることと同じでした。今度は異なる2つの資産の動きですから、長方形の面積を求めるようなものになります。その意味では、共分散の特殊形が標準偏差と言ってもよいのかもしれません。

　上図の各期の資産変動から計算すると、このようになります。

資産A：（1期）16％ → （2期）－8％ → （3期）28％
資産B：（1期）－5％ → （2期）20％ → （3期）10％

1期（16－12）×（－5－8）＝－52
2期（－8－12）×（20－8）＝－240
3期（28－12）×（10－8）＝32

平均値は、－86となります。これが共分散です。
　そして、共分散に、A資産、B資産、それぞれの単一でのリスクを掛け合わせたものを比べたのが、2つの関係性を示す相関係数です。計算式はこのようになります。
－86÷（15×10）＝－0.57

相関係数は、＋1から－1までの範囲で表わされます。相関が"高い"、つまり全く同じように動くのが＋1、相関が"低い"、つまり正反対に動くのが－1です。2つの資産の相関をイメージすると、このような図になります。

<相関係数概念図>

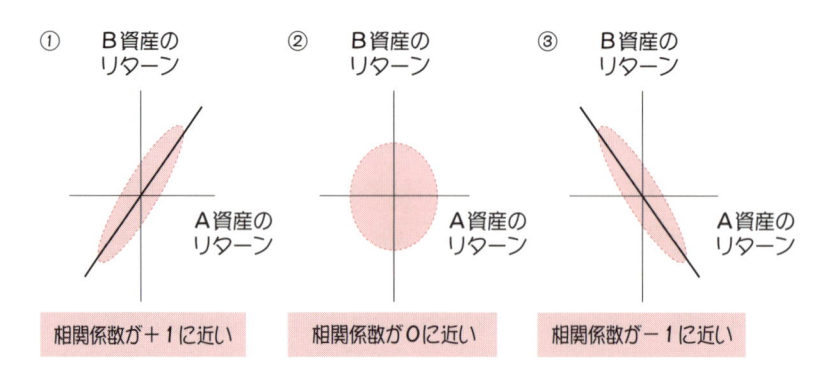

① B資産のリターン／A資産のリターン　相関係数が＋1に近い
② B資産のリターン／A資産のリターン　相関係数が0に近い
③ B資産のリターン／A資産のリターン　相関係数が－1に近い

ここでAとBという2つの資産があったときに、
　①の図は、Aのリターンが上がるとBのリターンも上がることを表しています。逆にAのリターンが下がるとBのリターンも下がっています。これを「相関が高い」と

か「正の相関」といいます。Ａの値段が上がるときにＢの値段も同じように値上がりする傾向にある関係を表しています。互いの値動きが正の相関が強く、同じ方向に動きますから、リスクが軽減されず、分散が効かない、という状態です。

②の図は、ＡのリターンとＢの関係に関係がない場合を示しています。Ａのリターンが上がってもＢには関係がなく、右上がりも右下がりもない関係です。Ａのリターンが増加しても減少しても、Ｂの変動には全く影響がないという場合です。

③の図は、Ａのリターンが上がるとＢのリターンが下がり、Ａのリターンが下がるとＢのリターンが上がる、という関係です。これを「相関が低い」とか「負の相関」と言います。そんな２つの資産を持つと、値動きが相殺されてリスクが軽減されます。つまり、分散効果を得られます。

先ほどの計算例で使ったＡ資産とＢ資産の相関係数は－ 0.57 でした。この２つの資産をさまざまな構成比率で組み合わせたら、どのようなリスクリターンになるのかを表わしたのが、下の図です。同じリスクでも、より高いリターンの組み合わせがあることを表しています。右上から左端までの部分がその集合体です。点線で囲んだ部分です。

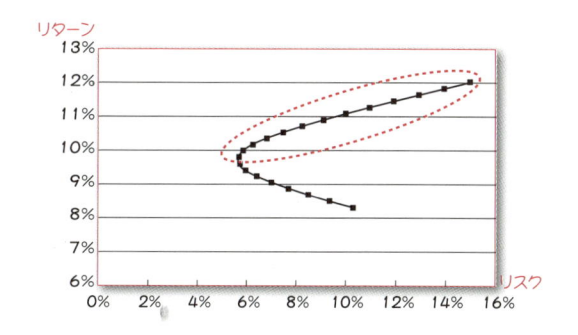

同じリスクを持つポートフォリオの中で、期待リターンが最も大きいポートフォリオを効率的ポートフォリオと呼び、すべての効率的ポートフォリオをなぞったラインを「効率的フロンティア」または「有効フロンティア」と呼びます。あとで再び登場しますので、ここでは「有効フロンティア」という名前だけ記憶にとどめておいてくださいね。

先ほどのＡ資産とＢ資産は、同時期の値動きの違いがわかっている前提で計算して、相関係数まで求めました。そういう前提がないと、相関関係はわからないわけで

すが、相関係数を－1から＋1まで想定してみて、組入れ比率の違いによってどんなリスクになるのかが、次の図です。

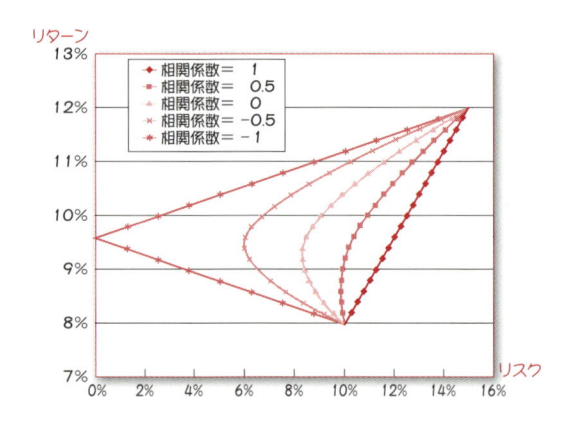

2つの資産を組み合わせたとき、その比率によってリスクとリターンが変わりますが、相関によってリスクの範囲が動くことを表しています。

各線上の点は、A資産B資産の組入れ比率の違いを表しています。比率を考えることでリスクを抑えられることを意味しています。縦軸にくっついているところはリスクゼロです。相関が－1のときは、組入れ比率によってリスクを削除することができることを表しています。

現実的には考えにくいかもしれませんが、理論上は、相関の低い資産を上手に組み合わせると、リスクを打ち消すことができるわけです。

● 金融危機と相関

相関について見てきましたが、相関は、常に一定ではなく、たとえば金融危機においては大きく変わることもあります。また、危機の形態によって、そのパターンは異なります。金融危機とはどのようにもたらされるか、過去の例から、金融危機のパターンを大きく3つに分けてご案内します。

1つ目は、「インフレ急騰型」です。

原油とか資源とかの値段が何らかの形で急騰して、大きなインフレを引き起こして金利が上昇し、それによって株式も債券も価格が下落するパターンです。石油ショックがこのパターンにあたります。この場合は、自国の国債も他の資産クラスとの相関

が高まります。この状況では、コモディティとかインフレ連動国債などへ分散して投資することが効果的でしょう。

　２つ目は、「資金流出型」です。

　何らかの要因で海外に大きく資金が流出して通貨が下落することによる危機です。アジア通貨危機のようなケースです。資金流出によって株価は下がり、債券価格も下がります。通貨としての円が売られて資金が海外へ流出することによって、その結果として金利が上がり、株価が下落するという動きです。この場合は、自国の国債と株式の両方が下落する一方で、海外資産の円建て価格は上昇しますので、国内株式と国債は正の相関が高まり、国内資産と海外資産では負の相関が強くなります。

　３つ目は、「信用膨張反動型」です。

　グローバルな信用拡大によって資産の価格が上昇し、同時に日本から海外へ資本が流れ、その反動として危機が生じます。アメリカのサブプライムローンに端を発し、大企業の破綻に至ってしまったリーマンショックのようなケースです。アメリカの住宅マーケットでは、サブプライムの住宅ローンや証券化などを通じて資金が流出して、その反動で資金が回収される形になってマーケット価格が崩れ、マーケットそのものの危機を生み、価格が下がることで需要も落ちて景気も悪化しました。それとともに日本から海外への資本の流れも逆流しました。資産膨張、価格膨張の反動の下落です。この危機の結果、世界的景気後退と円高がもたらされたことによって、日本国債と他の資産との負の相関が強くなり、日本国債以外の資産間の正の相関を強めたと言えます。この危機では、結果的に、低金利を補って余りあるくらいに、国内債券の魅力が再認識させられました。

　現実の金融危機の局面では、同時に３つの要素が複合的に起こることもありえます。経済の動きは複雑で、市場が大きく変動するときには、相関も大きく変わることがあります。大切なのは、事前に事態を予測することは困難であるという点です。予測はできないと言っても過言ではありません。それゆえに、一時期の状況では、資産間の相関によって分散効果は異なるとしても、また「分散」のアプローチの見方に変化はあっても、分散が基本であることには変わりありません。過去の危機を振り返ってみて確認できることは、分散投資の重要性は「普遍」であり、また「不変」であるということです。

Scene 14　野球は何人でやるの？

　たまきさんが心配そうに厚くんに聞きます。

「相関、大丈夫？　わかった？」

「計算はできました」

「同じ動きをする資産同士で計算すると、結果はプラス１になるの」

「反対はマイナス１」

「そう。相関係数は、値動きの方向が同じ方向なのかどうなのか、その強さを示す指数。状況の変化に同じように反応することが"相関が高い"ってことで、違う反応をするのが"相関が低い"ってこと。数値は、プラス１からマイナス１の間」

「全く同じように動くのがプラス１…」

「そう。相関が強いってこと。組み合わせても同じ方向に動くから、リスクは軽減されない、つまり、分散が効かない、ってこと」

「分散が効かない…」

「マイナス１は、リスクが軽減されるってこと。計算例のＡ資産とＢ資産を見て。３期は同じ方向だけど、１期と２期は違う動きをしてるでしょ。マイナス0.57はそれを表してるの。Ａが上がるときにＢは下がり、Ａが下がるときにＢは上がる、という関係、これが分散が効いてるっていう状態」

　厚くんは、まだちょっと悩んでいる様子です。

「分散が効くとか、効かないというのがどうも今ひとつ…」

「じゃあテニスでたとえてもいい？」

「雪田さん、テニス部だったんですか？」

「ええ。ダブルス組むとき、ストロークが得意な人同士とか、ボレーが得意な人同士で組むより、ストロークが得意な人とボレーが得意な人が組めば、お互いの得意、不得意を活かしたり補ったりできるの。苦手なところを補えば負けることはないの。どう？　イメージわいた？」

「あのぉ、できれば野球でたとえてみてくれませんか？」

「野球？」

「あ、そうだ。最強の打順って言われるのは、決してホームランバッターがそろってるオーダーではないんです。ホームランバッターばかりのオーダーではなくて、

いろんなタイプのバッターをそろえるといいんです。そんな感じでいいですか？」
「野球って何人？」
「えーーー、雪田さん、野球に興味ないんですかー？　僕、かなりショックです」
「で、何人？」
「9人です」
「それならたとえてもいいかもしれないわ。うん、いいわ。そんな感じ」
「9だからいいんですか？」
「相関係数って資産の数が少なければ、測ることはできるけど、たとえば、株式の場合、東証に上場してる全部の資産の相関を総当たりで計算するなんてできないのよ。9種類くらいならまだいいかもしれないけど」
「たとえるのにそんな厳密に考えなくても…」
「それでウィリアム・シャープという人が登場して、世の中にあるリスク資産を全部合わせたものを市場の代表として、それと、投資対象と考えてる資産の関係の強さを測ればいい、ってことを唱えたの。それがＣ・Ａ・Ｐ・Ｍと書いてキャップエム」
「お、田辺さんが言ってたキャップなんとかですね」
「キャップエム」

● ベータ（β）とは

　CAPMとは、Capital Asset Pricing Model（資本資産評価モデル）の略です。ウィリアム・シャープという人が唱えたモデルです。

　前述したとおり、マーコビッツは、資産間の関係の強さを相関係数で表していますが、ウィリアム・シャープは、β（ベータ）値といわれるもので表しています。β値とは、各々のリスク資産の市場ポートフォリオに対する感応度です。ウィリアム・シャープは、β値をリスクを測る尺度にすればよいと提案したのです（当初「Ｂ」と表記されていたものが、いつの間にか「β」で表されるようになったそうです）。

　β値の活用は、一般に、ベータが「1」であれば、市場と同程度のリスクをもつ、「1」超であれば、市場全体よりもリスクが高い、すなわち変動率が大きい、という目安とすることができます。

　たとえば、ファンドのポートフォリオのβが「0.8」という数値の場合、市場インデックスが10％変動すればポートフォリオは8％変動する、という具合に利用できます。ちょっと違う表現としては、βが「0.8」のとき、ベンチマークが10％上昇したときは8％しか値上がりしないとか、ベンチマークが10％下落しても8％の値下がりにとどまる、という予想として利用されます。

　β値が「1.0」より高い場合の活用としては、ファンドのベータが「1.1」という数値の場合、市場インデックスが10％上昇したときファンドは11％値上がりするという予想ができ、反対に市場インデックスが10％下落すれば、ファンドは11％値下がりするという予想ができます。

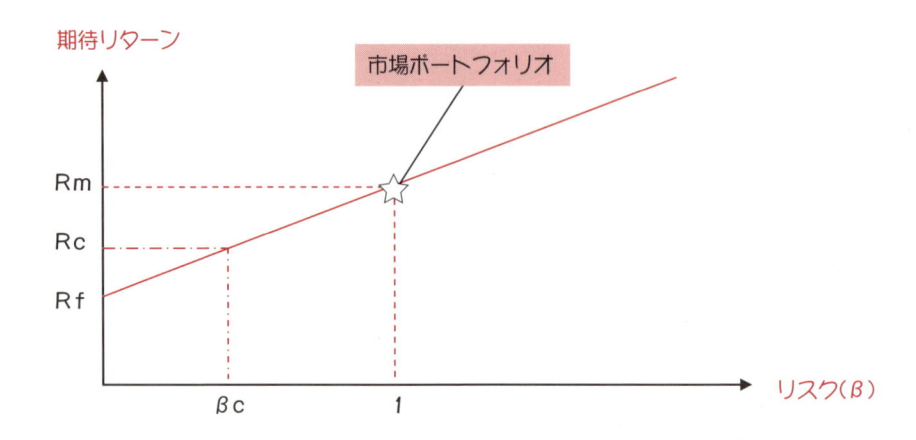

期待リターン

R_m
R_c
R_f

市場ポートフォリオ

$β_c$　　1

リスク（β）

β値の活用をグラフにしたのが上の図です。Ｒmのmはマーケットを表します。Ｒmは市場ポートフォリオのリターン（収益率）を表します。Ｒfとは、リスクフリー商品のリターン（収益率）を表します。リスクフリー商品とは、たとえば預貯金や国債などが想定されます。

Rmからリスクフリー商品のリターンＲfを引いたものに、cという資産のβ値（βc）、すなわちcという資産の市場感応度を掛けて、その値にリスクフリー商品のリターンＲfを足したものが、cという資産の期待リターンＲcである、という関係を表しています。

この図は同時に、リスクとリターンがトレードオフの関係にあることも表しています。「トレードオフ」とは、一方を求めることは他方の犠牲を払う、ということです。リスクとリターンの関係は、低いリスクでは高いリターンは期待できない、高いリターンを得るには、高いリスクを受け入れなければならない、という関係にあるのです。

2 ファンドの評価

Scene 15 早く独り立ちしてほしいの

二人の勉強会もそろそろ終盤です。
「外務員試験が合格したら、フロアでお客さまの対応よ」
「はいっ」
「そうしたら会議室での勉強会は終わり」
「えっ、そうなんですか？」
「いつまでも続くと思ってたの？」
「はい。僕が窓口に出るようになってからも」
「私の本業は窓口の仕事なの」
「僕のインストラクターもですよね」
「だから、早く独り立ちしてくれないと困るのよ」
「たとえば、毎日の反省会を兼ねてとかどうですか？　きっとお客さまの対応をす

るようになったら、質問したいことがいっぱい出てくるってゆーか、やっぱり一人でお客さまの対応をするということは、返す言葉が見つからなかったときにどうするか、いろんなケースに対応できるような、そうだ、模擬練習とか」
「お客さまはお一人おひとり違うんだから」
「だって、窓口初めてですし…雪田さんだって、ほら、もし、困ったことがあったら、僕と共有することで解決になることもあるかもしれないじゃないですか」
「それは勉強会じゃないわ。それに、困ったことを雪田くんに相談したりしないわ」
「愚痴の聞き相手ならなれますよ」
「愚痴なら誰に言ったところで解決なんてしないわよ」
「うわ。クールだなぁ」
「不安を解消するのは勉強が一番。お客さまは、どなたも違うから、ケースでくくるなんてできないのよ」
「ケーススタディってあるじゃないですか」
「そういうのは、すればするほどマニュアルボーイになってしまうものよ」
「えっ、そういう言葉あるんですか？」
「今思いついただけ。とにかく、不安な気持ちはわかるけど、お客さまお一人おひとりに丁寧に対応させていただくことで培われていくものがあるから大丈夫よ」
「えーそうですかぁ？　石田課長に相談しよっと」
「私は断るからね」

厚くんは寂しそうにうつむきます。
「まぁ、あれよ、友ちゃんも今でもインストラクターしてるようなものだし、わからないことがあれば、どの先輩にも聞いていいのよ。それには私も含まれるわけで…」
元気よく頭をあげます。
「はい」
「で、今日はファンドの評価について」
「はいっ、関数電卓持ってきました」
「用意がいいわね」
「もちろんです。ノートも新しいです」
「ノート、テーマごとに作ってる？」
「もちろんです」
「いいわ。ファンド評価は盛りだくさんになるから」
「ファンド評価ってことは、ファンドのパフォーマンスを測るってことですよね」
「そうよ。でも、ウチの銀行でどんなファンドを販売したらいいか、販売会社としてファンドを選ぶ観点で考えて」
厚くんはペンケースから蛍光ペンを数本取り出します。
「パフォーマンスのいいファンドを探すってことではないんですか？」
「基本的にはそういうことになるけど、パフォーマンスとひと言で言っても、答えは1つだけではないのよ」
「目論見書や月次や週次に出てる数字は？」
「たしかにパフォーマンスだけど、たとえば、短期の公社債だけで運用するファンドが10％のリターンだった場合と、株式で運用するファンドが10％だった場合、どう？」
「もちろん、短期の公社債だけで運用するファンドで10％のほうがいいです。そっか、単純にリターンだけを見ていればいいわけではありませんね」
「同じ10％の収益率を得ても、安定的で変動のない短期債で10％の利益が得られるのと、それよりは変動が大きい株式投資で10％の収益だったら、収益率は同じでも、同じ評価はできないでしょ」
「評価、ですか…雪田さん、僕たちって評価会社ではないですよね」

「もちろんそうだけど、すべてのファンドを販売するわけではないのなら、どうしてそのファンドを販売するのか、理由があるでしょ？　販売を始めてからも、販売会社としてファンドをモニタリングしていかないといけない」

「はい」

「評価は、大きく分けて２つ。『定量評価』と『定性評価』」

「ちょっと待ってください。えーっと、テーリョーと、テーセーですね…どう違うんですか？」

「定量評価は、数値化できる評価。定性評価は、数値化できない評価」

厚くんの手が止まります。

「数値化できること、できないこと…」

そして顔をあげます。

「雪田さん、その違いにどんな意味があるんですか？」

「どんな意味…、意味…、ん…」

厚くんはたまきさんの返事を待ちます。

「そうねぇ、定量評価は、これまでの実績の評価。定性評価は、その維持を推し測るための評価」

「なるほど…はい」

●定量評価と定性評価

　たまきさんは、厚くんから「定量評価」と「定性評価」がもつ意味について聞かれて、ちょっと考えてしまいましたね。そしてたまきさんはこう答えました。「『定量評価』は、これまでの実績の評価。『定性評価』は、その維持を推し測るための評価」と。

　それぞれのポイントを簡単に整理してみましょう。

　「定量評価」は、ファンドの過去の実績値に基づき運用成果を評価するものです。たまきさんが答えたとおり、数値化できるものです。数値化できるということは、つまり、あくまで過去の実績からファンドを評価したものです。そのファンドの将来性を保証するものではありませんね。

　すると、それを補うのが、「定性評価」と言えます。定量評価では測ることができない部分を補って、そのファンドが将来にわたって、過去、現在の運用成果を維持す

ることが可能であるかどうか、それを評価することでしょう。そういう点からは、長期的な評価という観点で、「定性評価」が重要になるとも言えるかもしれません。

● ファンドの評価～5つのP

　ファンドの評価は、それぞれの項目の頭文字をとって"5つのP"というものがあります。まずはパフォーマンス（Performance）、運用成績です。こちらは定量評価事項です。そのほかに4つ、"P"の付く「定性評価」事項があります。個別ファンドの運用能力を評価するものです。

　4つの中の1つ目はPhilosophy（フィロソフィー）、すなわち「運用哲学」です。これは、運用哲学の一貫性や組織理念の明確性です。

　2つ目はPeople（ピープル）、「組織・運用体制」です。つまり「人」のことを言います。質的・量的な人員の確保や、それぞれの人の専門知識が十分であるかどうか、また運用者の平均勤続年数等といったことです。

　3つ目はProcess（プロセス）です。「運用プロセス」のことを言います。運用方針決定について、組織や基準が明確であるかどうか、また、リスク管理体制が構築されているかどうかです。

　4つ目はPortfolio（ポートフォリオ）です。「ポートフォリオ管理」を言い、資産の組み合わせと投資目的の合致性をみるものです。

　それぞれの定性評価事項について、具体的にどのようなことか考えていきましょう。

① Philosophy（フィロソフィー）：運用哲学

　たとえば、事後的に検証可能な運用目標が定められているかどうかとか、運用目標や運用手法、リスクの目標水準に照らして、妥当な水準の信託報酬率が提示されているかどうか。また、追加運用可能額が、具体的な調査・分析結果に基づいて、合理的に説明できるかどうか、といった観点です。

② People（ピープル）：組織・運用体制

　ファンドマネージャーの運用経験年数、チーム体制であれば、チームの人数や平均運用経験年数とか、また、調査部門との連携体制として、どのくらいの頻度で情報共有等のミーティングを行っているか、ということも観点になります。

③ Process（プロセス）：運用プロセス

　複数の部署が連携して「Plan – Do – Check」のプロセスが実施されているかどうか

とか、特定の投資尺度あるいは個人の情報源やノウハウに依存していないかどうかとか、分散された運用となっているかどうか、収益源が広く分散されているかどうかという観点です。また、投資戦略をポートフォリオに反映させるプロセスについての信頼性や、運用目標を達成するための調査・分析の競合他社に対する優位性、有効性が十分に検証される体制かどうか、という観点も挙げられます。

④ Portfolio（ポートフォリオ）：ポートフォリオ管理

市場リターンとの差であるトラッキングエラーや超過収益率といった概念を用いて検証するほか、ファンドの性格によって、たとえば外国債券に投資するファンドであれば、デュレーション管理目標、為替リスクをどのくらいとるかという外貨エクスポージャーなどについての管理が行われているかどうか、パフォーマンスの要因分析をどのようなシステムを用いて行っているか、という観点で測ることができるでしょう。

● 定性評価〜運用会社を評価する観点

そのほかに、運用会社を評価する観点での定性評価があります。

大きくは4つです。「経営基盤」「リスク管理・コンプライアンス体制」「アドミニストレーション」「販売支援」です。それぞれもう少し具体的な観点を見てみましょう。

「経営基盤」とは、会社の安定性・成長性、組織のネットワークとして、たとえば海外拠点があるかどうか、部門の独立性が保たれているか、どのような経営戦略をもっているか、といった観点があります。

「リスク管理・コンプライアンス体制」とは、リスク管理やコンプライアンスについて、どのような部門・部署があって、どのくらいの人員体制なのかとか、また、パフォーマンス評価をどのような組織体制で行っているか、という観点が挙げられます。

「アドミニストレーション」とは、計理処理やトレーディング部門などにどのくらいの要員が配置されているか、どのくらいの経験を要した人員か、どのようなシステムで行われているかといった観点があります。

「販売支援」は、どのような販売サポート体制をとっているかどうか、人員数のほか、どのような販売支援ツールを提供してもらえるか、という観点があるでしょう。

ただ、それぞれの評価事項に、どのくらいのウェイトを置いて評価するかは、販売会社の営業戦略とも関わってきますので、どのような配点でもって評価するかは、一律に決められるものではありません。

● 定量評価

まずは、リターンとリスクです。これまで何度も登場してきましたが、ファンドの評価においても重要な観点です。

リスクは、ポートフォリオのリスクの尺度として、通常、先に説明した2つの尺度が用いられます。さっき登場した標準偏差とベータ「β」です。

①標準偏差

再び標準偏差についてお話しします。標準偏差は、ファンドを測定する際の最も一般的な指標（メジャー）です。ファンドの標準偏差とは、ある測定期間内におけるファンドの平均収益率リターンから各収益率がどの程度離れているかの偏差を求めることによって得られる数値です。収益率の標準偏差が大きくなるに従って、期待収益率の誤差がそれだけ高くなります。そうすると、投資家の期待収益率に対する不確実性が増す、つまりリスクが高くなるということです。

たとえば、過去3年間について、ファンドの月次のリターンの平均値から各月次のリターンがどのくらい離れているか、その乖離度を統計的に処理したものが、そのファンドの標準偏差となります。

先ほど登場した正規分布図を思い出してください。一般的には、そのファンドの将来の月次リターン（年率）は、100ヵ月中68ヵ月は1標準偏差の範囲内に収まり、100ヵ月中95ヵ月は2標準偏差の範囲内に収まると推測されます。ファンドの標準偏差が4％で平均リターンが年10％であったとすると、そのファンドの将来の年間リターンは、100ヵ月中68ヵ月は6％から14％の間（10±4％）で変動するであろうと推測され、ほとんどすべての期間（95ヵ月）で2％から18％の範囲内に収まると推測されます。

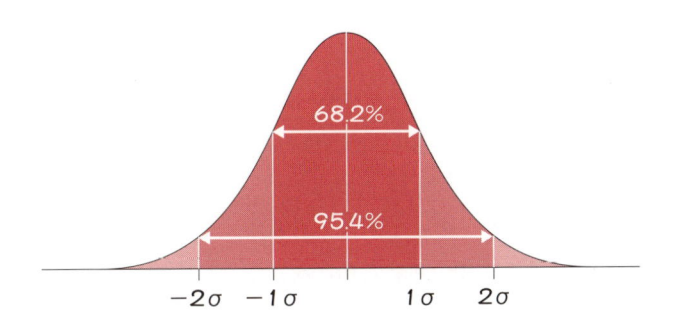

② β（ベータ）

ファンドのβ（ベータ）とは、ベンチマーク（市場指数）に対するファンドのリターンの変動率（感応度）を表す指標です。さっきも登場したCAPM（資本資産評価モデル）という理論に基づくリスク概念で、分散投資によっても排除不可能なリスク（システマティック・リスクと言います）をどの程度反映するかを表す指標です。

標準偏差はファンドのリターンのブレを表す指標で、どのファンドにも適用できる汎用性のあるリスク指標（メジャー）ですが、いわば絶対的なリスク指標です。リスクが高いかどうかの判断は、そのファンドと同種のファンド、あるいはベンチマークの標準偏差と比較する必要があります。そこで、相対的なリスク指標として用いられるのが「β（ベータ）」です。

たとえば、ファンドのポートフォリオのβが0.8であるならば、市場インデックスが10％変動すればポートフォリオは8％変動することを意味します。

③シャープレシオ

リターンをもう少し進めて考えてみます。「リスク調整後のリターン」です。どういうことかというと、リスクに見合ったリターンかどうかということです。代表的な評価方法は、「シャープレシオ」です。

シャープレシオは、リスク調整後のリターンを示す値で、具体的にはファンドの超過リターンすなわち、ファンドのリターンから無リスク資産のリターンを差し引いた値を、ファンドのリスク（ファンドのリターンの標準偏差）で割って計算します。

"ファンドは単純に値上がりすればよい"というものではなく、あくまでもリスクとリターンの関係で評価しようとするものです。

つまり、「リスク」に見合った「リターン」であるのかどうかを測る数値です。とても大切な観点です。

$$シャープレシオ = \frac{ポートフォリオのリターン - 無リスク資産のリターン}{ファンドの標準偏差}$$

④「インフォメーションレシオ」と「トラッキングエラー」

そのほかに定量評価として用いられる指標をご紹介します。「インフォメーションレシオ」と「トラッキングエラー」です。

上記のシャープレシオは、アクティブファンドの運用効率性を評価する指標で、複数の類似ファンドのパフォーマンスを比較する際などによく使用されます。シャープレシオは、ファンドがとったリスクに対して、無リスク資産（銀行預金などの元本割れのリスクがない資産）をどれだけ超過するリターンを得ているかを表します。

　ただ、リターンがマイナスのファンドと比較する場合にはリスクが大きいほどシャープレシオの値が大きくなりますので注意する必要があります。

　そこで、ファンドがベンチマークに対してとったリスクに対して、どれだけ超過リターンを上げられたかを見る指標があります。それは「インフォメーションレシオ」と呼ばれます。

　インフォメーションレシオは、ベンチマークに対する超過収益を目指すアクティブファンドの運用効率性を評価する指標です。インフォメーションレシオの値が大きいほど、低いリスクで高いリターンを上げたことを示し、より優れた運用を行っていると判断されます。インフォメーションレシオは、ベンチマークに対する超過収益の平均値をベンチマークに対する超過リターンの標準偏差で割ることで求められます。

$$\text{インフォメーションレシオ} = \frac{\text{ポートフォリオのリターン} - \text{ベンチマークのリターン}}{\text{ベンチマークに対する超過リターンの標準偏差}}$$

　「トラッキングエラー」とは、主としてベンチマークに連動することを目指すインデックスファンドの運用成果を評価する指標で、ファンドの値動きとベンチマークの値動きの乖離、すなわち、ベンチマークに対する平均超過リターン（アクティブ・リターン。マイナスのこともあります）の標準偏差です。インデックスファンドが行うパッシブ運用では、このトラッキングエラーを小さくすることを目標にし、ベンチマークとの乖離が小さければ小さいほど、運用が優れているとされます。

⑤アルファ（α）

　アルファ（α）は、ある証券（銘柄）に投資を行う場合に、ベンチマークを上回る収益率（超過リターン）を得るための源泉のうち、その銘柄固有の特性に基づく部分をいいます。αが高いということは、ベンチマークの収益率を上回り、それだけリターンが高かったことを意味します。

　つまり、ファンドの運用者の判断によって、市場全体の動きと連動しない投資を

行ったことによって得られたリターンを表します。運用者の運用能力を図る指標とも言えます。

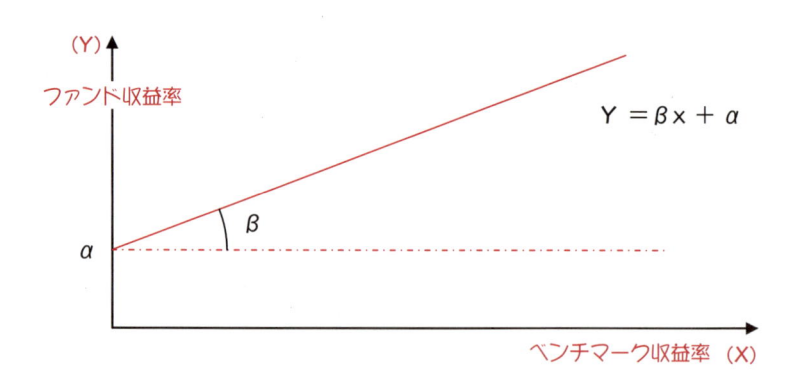

```
(Y) ファンド収益率
Y = βx + α
β
α
ベンチマーク収益率 (X)
```

⑥その他

そのほかに数値で測ることができる観点としては、たとえば長期投資に適しているかどうかという点では、資金の流出入率や純資産残高の増減率などもあるでしょう。また、信託報酬の率も、投資コストを比較するために大切な数値です。

Column ④
ある青年の14ページの論文「ポートフォリオ・セレクション」

　今から58年前の1952年3月、砂色の髪で長身の25歳の青年が、発刊されて7年目の『ジャーナル・オブ・ファイナンス』誌に、全14ページの論文を発表しました。論文のタイトルは、「ポートフォリオ・セレクション」です。

　その青年が、学生として取り組んでいたのは、人々が生活のさまざまな局面で直面する不可避のトレードオフに、どうしたら最善の意思決定ができるであろうかという、視野の広い、抽象的な問題でした。

　青年は"投資家はとりわけ冷酷なトレードオフに直面する"ということに関心をもちました。リスクを受け入れることなしに高いリターンを望むことはできない。でも、どれだけのリスクをとらねばならないのだろうか。投資家が期待利益を最大化する一方でリスクを最小化するのに役立つ方法があるだろうか。それに対して青年が編み出した答えが、やがて投資マネジメントの実務を根本的に変えてしまうことになります。

　青年が発表した全14ページの論文は、文章だけの箇所はたった4ページで、そのほかのページに掲げられた7つのグラフは、アーチェリーの標的のデザインにしか見えないような、とっつきにくいものでした。ただ、その本当の意味は肩の凝らないものでした。昔から言われている2つの鉄則を理論的に確認したにすぎません。1つは、「虎穴にいらずんば虎子を得ず」。2つ目は、「1つのかごに全部の卵を入れるべからず」。これらの鉄則を、青年は、投資家にとってのトレードオフの問題を解くための数学を使って、科学的な精密さで定義し直したのでした。

　青年が論文に付けたその題名こそが、彼の革新的な先見性を物語っています。青年は、論文中で、「個別の株式や債券をどう選択するかではなく、資産の集合体であるポートフォリオをいかに選択するかに分析の焦点をあてる」と宣言しています。

　青年の洞察のキーポイントは、投資のすべてのプロセスにわたってリスク

こそが中心的な問題である、というものでした。人々は、自分の家が火事で全焼するとは予想していないが、そうなることもありうるので、火災のリスクに対して保険をかけるのです。ほとんどすべての人は、生まれつきリスク回避志向で、どんなに証券分析の腕前に自信があっても、また資産価値が増加することをどんなに望んでも、不確実性よりは確実にわかっている結果のほうが好ましいと思うものです。

「リスクを考慮に入れずリターンだけに注目する単細胞的思考は、最適とは程遠いポートフォリオ選択に陥る。」

青年は、このことに気がついて、それを防ぐための体系的な方法を2つの道筋で編み出したのでした。第1の道筋は、"ポートフォリオの選択にあたって投資家はいかにしてリスクとリターンのトレードオフを応用すべきか"、第2の道筋は、"投資の設定する目標に最も適した1つのポートフォリオを選択するにはどうすればよいか"でした。

青年の最も独創的な業績は、個別銘柄に関わるリスクとポートフォリオ全体のリスクを区別すべきであるという主張です。ポートフォリオのリスクは、その保有銘柄の間にみられる共分散によって決まり、個々のリスクの平均とは関係ないと主張しています。効率的とされるポートフォリオとは、同等のリスクをもつ他のどのポートフォリオよりも高い期待リターンをもっているか、あるいは同等の期待リターンをもつ他のポートフォリオよりも少ないリスクをもっていなければならない。この手続きの結果得られる一群の効率的ポートフォリオを総称して、青年は比喩的な表現で「効率的フロンティア」と名づけました。

青年の名は、ハリー・マーコビッツ。その論文には、38年後にノーベル経済学賞が授与されます。現代ポートフォリオ理論の基礎となりました。

（参考）ピーター・L. バーンスタイン『証券投資の思想革命【普及版】』（東洋経済新報社、2006年12月）

PART 3

**投信販売における
コンサルティングとは…**

1 コンサルティングとは

Scene 16 コンサルティングの常識って？

　たまきさんが会議室に入ると、厚くんは、机に伏せていた頭をあげ、たまきさんに挨拶します。
「あ、雪田さん、おはようございます」
「眠いの？　夜更かし？」
「はい。毎日勉強です」
「何の勉強？　毎日復習してるの？」
「もちろんです。それに加えて外務員試験の勉強です」
「そう」
「そうって、それだけですかぁ？」
「何よ」
「ふつう、こういうときは、じゃあがんばって、とか、わからないことがあったら聞いてね、とか言いませんか…？」

「応援してほしいの？　ねぎらってほしいの？　それは私の仕事ではないわ」
「雪田さん、クールすぎる」
「今日はこれよ」
「はい…」
たまきさんは紙を1枚差し出します。
「この図、何ですか？」
「有効フロンティア」
「それ、何のことですか？」
「常識よ」
「初めて聞きました」
「投信販売におけるコンサルティングの常識よ」
「常識って…雪田さんには常識かもしれませんけど、外務員試験にも出てきませんし…」
「百歩譲って有効フロンティアはいいとしても、この図が頭の中にないと、コンサルティングとは言えないわ」
「あのぉ…百歩も譲っていただかなくても僕ら知りませんよ」
「"僕ら"の"ら"って、誰よ」
「雪田さん以外の人たちです…」
「……」
たまきさんは椅子から立ち上がります。
「ひどい…」
「え…？　ひどい、って…あ、ゆ、ゆ、雪田さん、すみません。あ、あのぉ…」

たまきさんはそのまま会議室から出て行ってしまいました。
会議室に残された厚くんは、たまきさんが残していった紙を見ます。

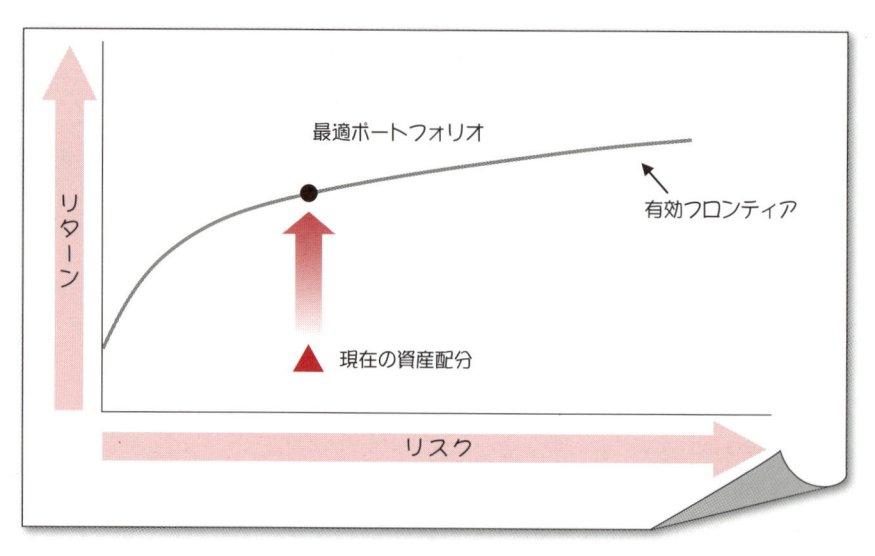

[図:リターン／リスク、最適ポートフォリオ、有効フロンティア、現在の資産配分]

ふと裏を返すと、裏面にも図がありました。

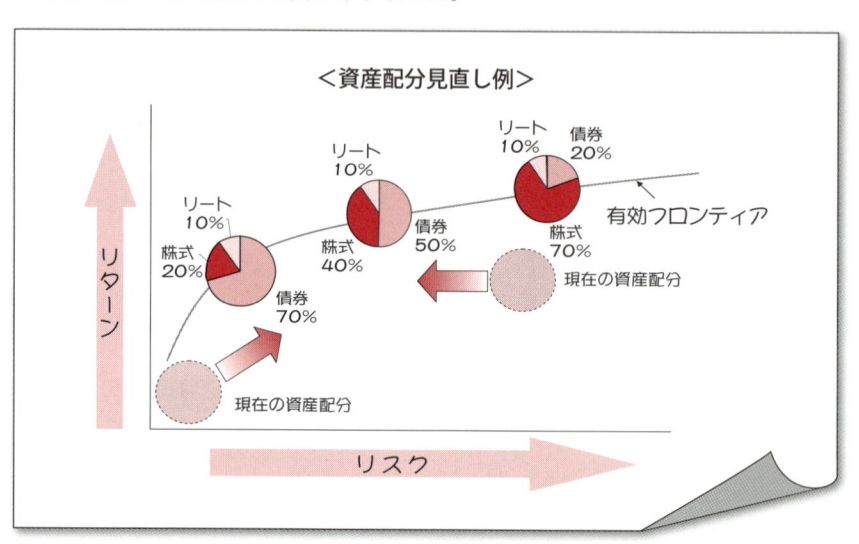

[図：＜資産配分見直し例＞
現在の資産配分（債券70%、株式20%、リート10%）
→ 株式40%、債券50%、リート10%
→ 株式70%、債券20%、リート10%
有効フロンティア]

「この線が有効フロンティアっていう線か…ん… ともかく雪田さんがいないことには始まらない。どこに行っちゃったんだろう…?」

　会議室を出て同じフロアの休憩室に行ってみると、たまきさんが一人で座っています。
　厚くんは、ポケットから100円玉を出して自動販売機に入れます。音を立ててペットボトルのお水が現れます。厚くんは取り出したボトルをたまきさんに差し出します。

「いらない」

　プイと横を向くたまきさん。困った厚くんは、ペットボトルのキャップを開け、もう一度たまきさんに差し出します。たまきさんは受け取ってゴクゴクと飲みます。そして手のひらを上にして厚くんに差し出します。厚くんはそこにキャップを置きます。たまきさんはペットボトルのキャップを締めて立ち上がります。厚くんは、会議室に向かうたまきさんのうしろをついていきます。

●有効フロンティアとは

　たまきさんが渡した紙に書いてあった「有効フロンティア」は、PART 2 でも登場しました。もう一度見ていきましょう。「有効フロンティア」とは、同じリスクの中で最も高いリターンを期待できるポートフォリオと呼び、すべての効率的ポートフォリオをなぞったラインのことです。たとえば複数の資産があって、同じリターンならリスクを最も小さく、同じリスクならリターンを最も高くするように、最も効率的に組み合わせたものを表す曲線です。たまきさんが渡した図にあるように、横軸にリスク、縦軸にリターンをとったグラフ上に描かれる曲線です。それぞれのリスクの値において最も効率のよいリターンを表す線、ということから、「効率的フロンティア」とも呼びます。

　実際には、現金や預貯金があって、リスク性資産だけを持つということはあまり考えられませんね。そこで、ここに無リスク資産の存在を加えてみると、下の図のように直線が加わり、このようになります。

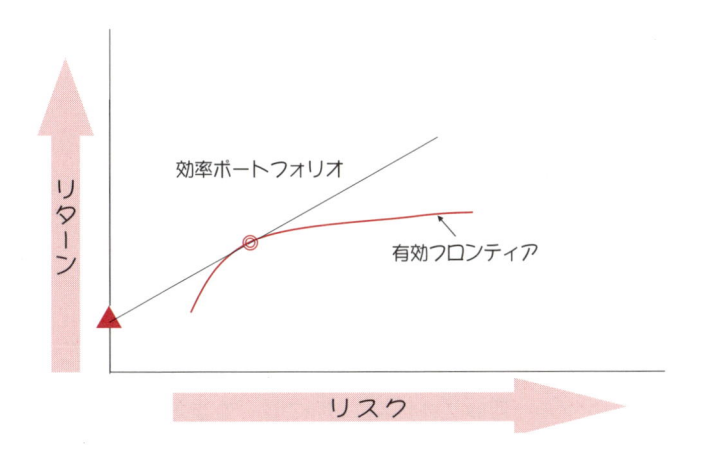

たとえば、リスクのない資産だけを持つ場合（▲の位置です）から、リスクのある資産を取り入れて構成比率を上げていくと、直線をたどって右上に上がっていくことになります。曲線と接しているところ（◎）は、無リスク資産はゼロで、リスク性資産ばかりのポートフォリオとなります。さらにリスク性資産だけでリターンを上げる場合は、リスクが増える割にリターンを得られない、という状態になります。

● ｢ポートフォリオ｣と｢ポートフォリオ理論｣

　投資信託を利用したコンサルティングの前に、「ポートフォリオ」と「ポートフォリオ理論」について、整理しておきたいと思います。

　「ポートフォリオ」のもともとの意味は「紙挟み」のことで、「いろいろなものをひとまとめにする」ものを指します。投資に関する分野では、資産（またそれぞれの資産の有価証券）の集合体、構成されたもののことを指します。

　では、「ポートフォリオ理論」の目的、ねらいは何でしょうか。それは、複数の資産を対象に投資を行う際、どのように資産を各資産に投資したら、「投資効率」を高められるか、ということを理解することです。ここで言う「投資効率を高める」、すなわち、「投資効率が良い」とはどのようなことなのでしょう。それは、投資行動を行う際に、投資者は、期待リターンの高いものを望み、リスク（標準偏差）は小さいものを望む、という仮定のもと、「期待リターンが高く、リスクが小さい」ことを「投資効率が良い」と呼んでいるのです。

● コンサルティングのプロセス

　さて、ここまで見てきたことを基礎知識として、「コンサルティング」について考えてみましょう。

　「コンサルティング」とは何でしょうか。ここでは、次のように考えることとします。

　「お客さまがどのような資産を保有されていて、そして、どのくらいのリターンを期待していて、どのくらいのリスクを許容できるのかを推測し、期待リターンの最大化を見込める有効フロンティア上の最適なポートフォリオを提案するという一連の流れをトータルしたプロセス」

　厚くんが戸惑ったように、「有効フロンティア」という名前を聞いたことはなくても、コンサルティングの一連のプロセスにおいては、たまきさんが言ったように、こ

のイメージ図を頭に描いておくことが大切になります。

　では、どのようなプロセスになるでしょうか。いろいろな作業がありますが、シンプルに、次の５段階に分けてみます。

　１．投資の「目的」と「期間」
　２．リスク許容度
　３．投資に対する姿勢
　４．ポートフォリオの提案
　５．見直し（リバランスとリアロケーション）

　では、投信販売におけるコンサルティングのプロセスを順にたどっていきましょう。

１．投資の「目的」と「期間」

　まず、投資の目的と期間です。投資する「目的」は、おのずと投資する「期間」の目安を定めることになります。たとえば、米国では、投資信託を利用するほとんどの人の目的は、「退職後の資金に充てるため」にあります。この「退職後のために」という理由からは、２つのことが感じられます。１つは、資産を形成していく手段として投資信託を利用しているということ、それから、若いうちから証券投資を実行しているということです。予定している投資期間は、10年以上、と答える人が多いです。

　日本ではどうでしょうか。投資する理由は「退職後のために」と答える人が増えているものの、次に多い目的は、「目的のない余裕資金の運用のため」という趣旨の答えです。つまり、目的をもたない投資となります。すると、目的がはっきりしていないから、当然ながら期間も定まりません。目的もはっきりしていない、期間も定まっていない、となりますと、「とにかくもうけるため」というものに近く、短期的な変動に必要以上に一喜一憂してしまいがちになり、下がったら解約する、上がったら買う、という行動につながりやすくなってしまいます。もちろん、機動的な取引を目的とする運用もあるかもしれませんが、機動的な運用を行う資金であるかどうかを、定めておくことが大切でしょう。つまり、「投資する目的をもっていただく」ということが重要です。

　何のために準備する資金なのか、さらには、「いつ」の、「何のため」の資金かを定める、言い換えるとゴールの設定、ということになるでしょうか。これが一番初めの

作業です。

　具体的には、お客さまに、ご自分に必要な準備について認識していただくことです。先のことはわからないわけですが、わからないながらも、わかる範囲で認識していただく。今、ご自分のお金がどのような状態なのか、将来、どのくらいの収入が見込めるのか、どのくらいの支出が必要となりそうか、つまり、ライフプランを描いていただく、ということです。それを通じてゴールの設定をしていただきます。

2．リスク許容度

　次はリスク許容度です。PART 2 で行ったように、リスクの計算も難しいのに、その"許容度"となると、どう測ったらよいのかもっと難しいことです。現実的には、具体的な数字ではなくても、たとえば、投資に対して「積極的」なのか「保守的」なのか「中立的」なのか、大まかに3つのタイプに分けるといったように、シンプルに測ってみることでもよいでしょう。

　しかし、シンプルであっても、今後、どのくらいの収入や支出があるのか、その把握がないとイメージできないでしょう。まず一番目のステップをしっかり経てください。

　"リスク許容度"は、そのうえで、お客さまへの質問の結果から推し量ることとなります。プロセスとしては、それぞれの質問の答えを点数化してタイプを導く、というような具合です。では、どのような質問が考えられるでしょうか。

　例として、大きく3つの事柄に分けてみましょう。

　①リスクとリターンの関係　②投資のイメージ　③現状の投資状況

　それぞれを測るのにどのような質問をしたらよいでしょうか。主な例を挙げてみます。

①リスクとリターンの関係

- 年間どのくらいの利回りを期待されますか？
- 投資する対象は、確実性のない高利回りのものか、低利回りでも元本保証されているものか、どちらを好まれますか？
- 株式に投資されると、値下がりすることもございます。心が穏やかでなくなることがあると思いますが、どのくらいの値下がりまで受け入れられますか？

- 現在のお仕事をリタイアされるまでどのくらいの年数がありますか？

②投資のイメージ
- 経済情勢や株式市場などにご興味はおありですか？
- どのような金融商品にご興味をおもちですか？
- 株式投資には、賭け事のような印象がおありですか？

③現状の投資状況
- 金融資産はどのくらいお持ちですか？
- 投資期間は何年程度とお考えですか？
- これまでどのような金融資産をご利用になられましたか？

3．投資に対する姿勢

上記1の投資期間と、2のリスク許容度をうかがうことができたら、それぞれから次のような整理をしてみましょう。

		リスクについての姿勢		
		保守的	中立	積極的
投資についての姿勢（投資期間）	2年未満			
	2年〜5年			
	5年〜10年			
	10年超			

お客さまにも、おたずねした質問の結果を、このような表にしてご覧いただくと、一目でご確認が容易になると思います。

4．ポートフォリオの提案

お客さまの保有資産全体、制約条件を把握して、現在の資産配分のリスクリターンを計算して、そして、期待リターンの最大化が見込めるポートフォリオの提案となります。「現在の資産配分を、このように変更してはいかがでしょうか」というご提案が、ポートフォリオの提案、見直しの提案です。

たとえば、現在のリスクリターンより効率的な、リスクを上げることなくリターンを上げることができるような資産の組み合わせについてのご提案（たまきさんが差し出した紙、P.100の図の、▲印から●印への移行）とか、あるいは、投資目的や投

資期間によって、よりリスクをとることが可能であれば、リスクを高めて期待リターンを追求できるポートフォリオの提案、逆に、お客さまがリスクをとりすぎている場合は、リスクを低くするように、資産の組み合わせをご提案することとなります。また、リスクリターンの変更がなくても、現在のリスクリターンを保全するために、バランスのとれたポートフォリオをご提案する、ということもあるでしょう。

　こうした提案は、実証的・理論的な説明をすることで、より説得力を増すことになりますが、具体的な数値の算出等には、システム的なサポートが必要となるでしょう。しかし、投信販売に際し、家計ポートフォリオ適正化の提案において、システム的なサポートがなければ全くできない、ということにもならないのではないでしょうか。

　たまきさんが差し出した図のイメージをもって、お客さまに資産運用の必要性について気づいていただき、次に一緒に現状を確認するなかで資産運用の目的について明確にしていただき、資産運用の具体的方法（手段）について提案していく、といったプロセス自体が投信販売による「金融サービス」と言えるでしょう。簡易な相談をきっかけにして資産運用の必要性に気づいていただき、より詳細なお客さまの状況を把握してお客さまにふさわしい商品・サービスの提案へとつなげていくことができます。

　逆に、システムによるシミュレーション結果や提案が、唯一の答えではないことにも注意をしましょう。あくまで１つの考え方であって、提案することによって、お客さまの意思決定を促す、という点の認識が必要でしょう。

　　コンサルティングは、ここまでではありません。

5．見直し（リバランスとリアロケーション）

　お客さまに合わせてアセットアロケーション（資産配分）をご提案して、望ましいポートフォリオを構築しても、それで終わりではありません。なぜなら、初めに設定したポートフォリオは、そのままにしていては、時間が経つと市場の変動によって変化していくからです。そこで必要なのが、再び見直しを行う、つまり「リバランスとリアロケーション」です。

　まず、「リバランス」ですが、時間が経過するにつれて、当初設定したシナリオと

現状が乖離していくわけですが、その乖離を修正することがリバランスです。具体的には、高くなった資産を売却して、安くなった資産を購入する、という行為です。たとえば、簡単な例として、株式と債券の半分ずつというポートフォリオがあったとしましょう。株式が値上がりすると、資産全体のウェイトのバランスが当初より崩れることになります。そこで、値上がりした株式を売却して、資産全体の半分になるようにする、つまり、バランスを取り戻す、"リバランス"です。なぜ、このリバランス、各資産への投資比率を当初の比率に戻すことが大切か、というと、リバランスはポートフォリオのリスクを軽減する役割を果たすからです。

投資した各資産が、異なったパフォーマンスのとき、ある特定の資産に大きく傾いた投資を継続すれば、その資産の下落によって、意図しない大きな損失を被る危険にさらされることになります。でも、リバランスにより初めに決めた配分比率に戻すことで、このようなリスクを軽減することが可能になります。

もう1つ必要なことが、「リアロケーション」です。お客さまのリスク許容度が変わったり、投資スタンスが大きく変わったりする場合には、当初の投資比率の根本的な変更が必要になります。配分の比率を見直すことがリアロケーションです。

上記2でうかがったリスク許容度は、人生のイベントや、環境の変化によって変わります。また、1でうかがった目的や期間に変更が起こることもあるでしょう。3で整理した、投資姿勢・投資スタンスは、2のリスク許容度、1の目標や期間によって決定しました。つまり、前提が変化したときは、投資スタンスが変わるため、配分比率の見直しも必要になるわけです。

2 コンサルティングスキルとは

これまでコンサルティングとは何か、コンサルティングのプロセスについて見てきました。では、このプロセスに必要なスキルとは何でしょうか。ここからは、「コンサルティングスキル」について考えてみたいと思います。

コンサルティングスキルというと、「ポートフォリオを提案したい」ということであったり、「提案したポートフォリオについて納得してもらう」ための「プレゼンテーション能力」ということに思いがいってしまうかもしれません。つまり、「どう

話したらよいか」というテクニック、と思われるかもしれません。

でも、提案をするためにはお客さまのことをお聞きすることが前提となります。ですから、「自分の主張を聞いてもらうために話す」のではなくて、重要なのは、「お客さまのことをお聞きするために、話す」、つまり「相手のことを聞く」ことだと思います。相手のことをいかに聞くか、「聞くために、話す」ということです。

もちろん、お客さまは、知識のない人に話そうとは思わないでしょうし、提案力のなさそうな人に相談しようとは思わないでしょうから、お客さまに話していただくための知識は必要です。しかし、お客さまに理路整然とプレゼンテーションするスキルより、聞くことのほうが大切でしょう。

端的には、"コンサルティングスキル"というのは、「聞く力」ということであろうと思います。

Scene 17 | 外務員試験に見事合格！

会議室にはたまきさん一人です。たまきさんはマーケット資料を読んでいます。そこに階段を駆け上がってくる足音が聞こえてきました。勢いのある足音です。二段飛ばしくらいのようです。

そして、会議室に入ってきたのは…、厚くんです。

「雪田さん！」

厚くんは、いつもの向かいの席に座って身を乗り出します。すると

「ちゃんと合格してた？」

「なんで言っちゃうんですかー、自分から言いたかったのに〜。すっごい勉強したんですよ、僕」

「当然よ」

「もぉ、たまには僕のことほめてくださいよぉ。こんな機会、めったにないんですから」

「雪田くんは誰のために勉強したの？」

「それは僕自身のため、それから」

「それから？」

「インストラクターである雪田さんに迷惑かけないためですよ…」

PART 3　投信販売におけるコンサルティングとは…

「0点ね」
「いやいや違いますよ。驚きますよ、100点でした」
「でも0点よ」
「何がですかぁ」
「勉強したのは、お客さまのためよ」
「あ…」
「いい？　お客さまの資産形成や資産運用のために、お客さまの家計資産全体の見直しをさせていただいて、ご提案を行っていくことが私たちの仕事なの」
「…はい」
「お客さまがどのくらいのリスクを許容できるかどうか、そんなことを考えるには、CAPMで理解したあの図が頭にないとできないのよ」
「あ、あのぉ」
「何？」
「外務員試験にはキャップエムは出ませんでした」
「言い訳なの？　マイナス10点」
「マイナスって…」
「リスクフリー商品である預貯金に加えて、リスクのある商品をお客さまに合わせてご提案するとするでしょ。その後、何が起こる？」

109

「預貯金と違って変動します」
「どうして変動するの？」
「えーっとそれは… 景気の波によって、市場にはいろいろな局面がある…から？」
「そうね」
「景気の波なら覚えてます。コンドラチェフ、クズネッツ、ジュグラー、チキン。どうですか？ 何点ですか？」
「10点」
「低っ」
「景気動向のなかで、市場にも下落局面とか、時には暴落局面もあるの。世界中を眺めてみると、いろいろな国でいろいろな良くない出来事が起こるの。でも、世界の株式市場を映すインデックスは、まるでそんないろんな出来事を包み込むかのように成長していってる」
「包み込むかのように… ちょ、ちょっと待ってください。テイクノートします。あれ？ ペンケースのファスナーが…」
「でも、今、たとえば、お客さまが持ってる投資信託の基準価額が下落したら、お客さまはどんな気持ちになると思う？」
「不安になります」
「お客さまが、"こんなに基準価額が下がってしまって、ひどいわ"っておっしゃったら雪田くんはどうする？」
「僕は"値下がりする可能性も説明しましたよ"って言います」
「マイナス10点ね」
厚くんはファスナーと格闘しながらたまきさんに答えます。
「僕は、お客さまに思い出していただけるように、一所懸命がんばりますよ」
「もぉ、マイナス20点」
「そ、そんなー」
「お客さまのお気持ちを聞かないで説得しようとするなんて、してはいけないことの典型よ」
「えっ、してはいけない典型なんですか？ 合計するとマイナス30点だ。試験は100点だったのに〜」
「不安定な局面になると、販売会社の窓口にいる人たちは気持ちが萎縮してしまう

か、とにかくお客さまを説得しようとするか、どちらかになってしまいがちよ」
「待ってください。ペンが…」
「経済は、ゼロサムではなくて、世界全体で見れば、プラスサムで成長していくの。我慢していただくことも必要になるときがあるわ」
「雪田さん、もう少しゆっくりお願いします」
「蛍光ペン10本でも20本でも使ってマーカーしなさい」
「そうしたいんですが、ファスナーが…」
「投資環境が変化していくなかでは、お客さまのお気持ちも変化していくでしょ。お客さまに変化を乗り越えていっていただくには、お客さまのお気持ちを理解することが大切で、そのうえで自信をもって基本をご説明しなければならないのよ」
「あ、開いた」
「ただ言葉をなぞるだけの対応では、お客さまには伝わらないわ」
「雪田さん、僕の気持ちも察していただけると嬉しいのですが…。僕、合格したんです」
「それで？」
「僕は合格して嬉しくてですね、しかも100点だったんです。こういうときは、ほめていただきたいわけです。ということで僕に何かひと言…」
「そうねぇ…明日から窓口でお客さまの対応よ」
「…はいっ」

●お客さまとの信頼関係構築のために

　厚くんは無事に外務員試験に合格しました。外務員試験は日本証券業協会で定められた大切な資格試験です。試験に合格した後も、定期的に資格更新のための研修が必要です。

　さて、合格した厚くん、たまきさんからなかなか期待している言葉をもらえませんでした。でも、早速明日から窓口での仕事とのこと、何よりの賛辞でしょう。
　合格したばかりの厚くんに、なんだかたくさんの注意をしていたたまきさんですが、最も伝えたかったことは何でしょうか。それはこの言葉です。

「投資環境が変化していくなかでは、お客さまのお気持ちも変化していくでしょ。お客さまに変化を乗り越えていっていただくには、お客さまのお気持ちを理解することが大切で、そのうえで自信をもって基本をご説明しなければならないのよ」

　厚くんがこれまで勉強してきた、投資の基本や投資信託を、変化していく投資環境のなかで理解してもらいながら投資信託を利用していただくには、お客さまのお気持ちを理解することが大切、と言っています。
　「お客さまのお気持ちを理解する」ということは、「お客さまの感情に共感する」ということですが、実は決して簡単なことではありません。

「不安定な局面になると、販売会社の窓口にいる人たちは気持ちが萎縮してしまうか、とにかくお客さまを説得しようとするか、どちらかになってしまいがちよ」

　資産形成・資産運用においてはどのような気持ちを感じるのでしょうか。人の感情には、喜び、怒り、不安、心配…などがあります。投資には「喜び」もありますが、不安や心配もあります。
　「行動ファイナンス」の考え方によれば、人は、1単位当たりの利益から受ける喜びに比べて、1単位当たりの損失から受ける苦しみは倍あるといわれています。市場環境の厳しいときに、不安や心配、そして苦痛をどのように受け止めていくか、それを定義づけていくことはとても難しいことです。長く投資を行っていっていただくには、お客さまの心配や不安に冷静に向かい合うことが大切と言えるでしょう。
　向かい合うとは、まず、お客さまの声に真摯に耳を傾けることです。お客さまが、心配、不安、あるいは苦しみを感じてしまわれていたら、そうした気持ちを共有します。気持ちを共有したうえで、資産形成、資産運用における投資に対する取組み方法をお伝えします。

● お客さまに共感するためには

　資産形成や資産運用の考え方や取組みをお伝えしたいことは勉強してきましたよね。厚くんも勉強をしてきました。でも、たまきさんは厚くんにこんな注意をしました。

「お客さまのお気持ちを聞かないで説得しようとするなんて、してはいけないことの典型よ」

　お客さまの気持ちに共感するためには、"してはいけないこと"と"しなくてはならないこと"を峻別することが必要でしょう。それぞれどのような行為でしょうか。"してはいけないこと"が整理できたら、その反対の"すべきこと"も見えてくるでしょう。
　まず「してはいけないこと」とは、
・お客さまより先に話す
・お客さまの話を聞き流し、お客さまの心配や不安に、耳を傾けない
・自分が説明したことを正当化してお客さまを説き伏せようとする
・聞かれていないことを説明する
・お客さまと一緒に悲観的になる
・不勉強なことを話し、都合の悪いことを話さない

では「しなければならないこと」とは、
・先にお客さまの話を聞く
・お客さまの気持ちを受け入れる
・お客さまの不安や心配が何であるのか考える
・お客さまに共感しつつ、市場の変動を冷静に見極める
・誠実に、正直に話す
・真実を正確に話す

　また、お客さまの中には、疑問や不安を販売担当者にぶつけることをためらってしまわれることもあるでしょう。そのきっかけを作ることも、投資信託販売におけるお客さま対応の一環であり、販売担当者の務めでもあります。
　これまでの勉強とはちょっと質を異にすることのようですが、合格した厚くんが窓口でお客さまに対応していくにあたって、たまきさんが厚くんに伝えたかったことなのでしょう。
　大きなマーケットの下落を経験すると、お客さまへ連絡しづらくなったり、お客さ

113

まからのお問合せに消極的になってしまいます。また、投資信託のようなリスク性商品を販売するためには、特別な技術や技能が必要だと誤解してしまって、基本的なことの説明に躊躇してしまうこともあります。

投資信託の販売においては、マーケットの環境や商品性を説明するのではなく、何よりも生活設計や投資の必要性をご理解いただくこと、そこにおいては、試験勉強で習ってきた基本を忘れないことが大切です。

また、ポートフォリオ理論は、金融危機が起こると、セオリーと異なる状況も起こります。現実の経済には、さまざまな不確実性がつきまといます。しかし、事前に、経済政策や政治情勢、あるいは天変地異といった、市場に及ぼす事象を事前に予測することは困難です。また、そうした事象が起きても、時間の経過とともに、セオリーに収斂していくと考えられます。

基本定理を学び、理解することはコンサルティングの基本となることです。

Column ⑤
投資家の選好度

　ポートフォリオ理論の根幹にある考え方は、投資家は、期待収益率と標準偏差、すなわち、リスクとリターンに基づいて証券を選択してポートフォリオを構築する、というものです。

　では、次のような複数の証券があったとき、投資家は、A、B、Cの3つの証券にどのような判断を下すのでしょうか。

	期待収益率（リターン）	標準偏差（リスク）
A証券	3％	3％
B証券	3％	8％
C証券	8％	8％

　AとBを比べると、期待収益率が同じ3％であるにもかかわらず、Bのリスクは8％と、Aの3％よりも大きくなっています。したがって、投資家はBよりAを選好する可能性が高いと言えそうです

　BとCを比べてみると、両方ともリスクは8％で同じです。ところがCの期待収益率は8％とBの3％を大きく上回っています。したがって、投資家はBよりもCを選好する可能性が高そうです。では、AとCではどうでしょうか。

　投資家のリスクに対する態度（選好度）は、次の3つの類型に分類されます。

・リスク回避者…期待する収益が同じであれば、リスクの小さい対象を選択する投資家

・リスク中立者…リスクの程度には無関心で期待収益率の大きな対象を選択する投資家

・リスク愛好者…期待する収益率が同じであればリスクの大きい対象を選択する投資家

　ポートフォリオ理論では、リスク回避型の投資家を前提としています。同じ収益率であればよりリスクの小さい銘柄を選好し、同じリスクであればより期待収益率の高い銘柄を選好するような投資家を想定します。しかし、リ

スク回避型投資家といっても、リスクに関する態度は個々の投資家によって千差万別です。そのような投資家のリスク選好度の違いを表現するのが効用無差別曲線です。

リスク回避者の効用無差別曲線は右図のように、右上がりとなります。より高いリスクを受け入れるにはより高い期待収益率が必要となるからです。そして、図の左上の無差別曲線ほど投資家に高い効用をもたらします。投資家によるリスク選好度の違いは、この無差別曲線の傾きによって示されます。

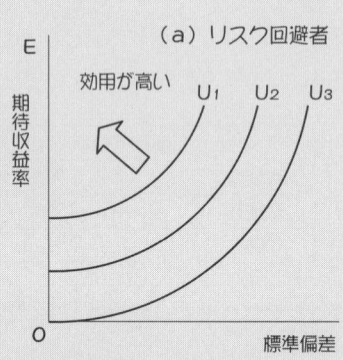

また、この図のように、保守的な投資家がより高いリスクを受け入れるためには、リスクの増加を大きく上回るような期待収益率が必要になりますから、効用無差別曲線の傾きは急になります。このような投資家の場合は先程の証券AとCの比較においては、Aを選択する可能性が高いと言えます。

ちなみに、リスク中立者、リスク愛好者の効用無差別曲線は以下のようになります。

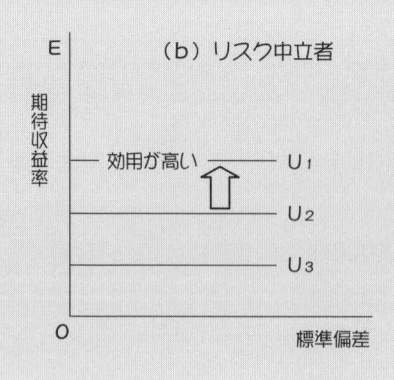

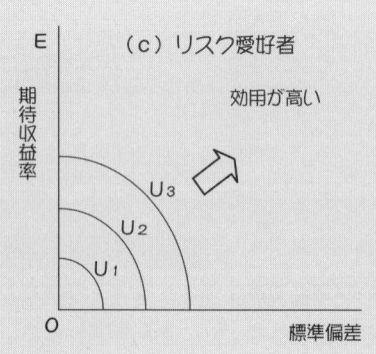

PART 4

ライフプランニングとは…

Scene 18 | お客さまはさまざま

　ここ、そよかぜ銀行のせせらぎ支店には、ハイカウンターとは仕切られた「ご相談ブース」が5つあります。フロアの一番奥が、たまきさんが担当するブースです。しばらく主がいなかったブースですが、ようやく華やかさが戻ってきました。隣のブースは田辺さんが担当です。

　厚くんは今日からいよいよ窓口です。厚くんは早朝に出社しました。まだ誰もいません。一番奥のブースには、デスクに沿わせた椅子と、その斜めうしろあたりに、ちょこんと丸椅子があります。厚くんは腰かけてみます。

「ここが今日から僕の席だ。ん？　ノートをとるにはどうしたらいいんだ？　ペンケースの置き場がないなぁ…」
「雪田くん、早いのね。おはよう」
「あ、田辺さん、おはようございます。今日から、僕、このブースです」
「どう、ブースの中って？　私は緊張したなぁ」
「この位置、ピッチャーのうしろで守るのと同じです。僕にはばっちりです」
「どういう意味？」
「僕、内野手なんです。セカンドです」
「あ、野球部だったんだ」

「はい」
「でもね、きっと今日はここには座らないと思うよ」
「どうしてですか？」
「そのパンフレットラックにいらっしゃるお客さまにご説明したり、ATMにいらっしゃるお客さまにパンフレットをお渡ししたり、今日はきっとそんな仕事」
「えっ、そうなんですか？」
「僕、端末の入力マニュアルしかもらってません。お客さまにお話しするマニュアルはもらってませんよ」
「あ、それなら、たまきさんがインストラクターのうちはずっと渡されないよ」
「えぇーー？」
「以前はね、まず外務員試験の勉強だけして、合格したら、お客さま対応マニュアルを渡されて、対応トークを覚えるっていう流れだったんだって。それが、今の支店長になって、たまきさんがインストラクターに指名されてから変わったんだって。その第1号が私」
「僕は第2号ですね。僕、打順は2番でした。ますますぴったりだ」
「たまきさんは、まず、『どうして投資信託なのか』とか、『投資信託はどんな商品なのか』とか、『投資理論とは』とか、それらを勉強して、それから外務員試験を受けるっていう方針なの」
「まさにそういう流れでした」
「私もよ。しっかり勉強してからお客さまに対応するの。お客さまにパンフレットをお渡ししながらご案内していくのが次のステップよ」
「マニュアルなく…ですか？」
「うん」
「なんか、厳しいのか厳しくないのかわかりませんね」
「たまきさんは"テクニカルな言い回しをいくら覚えてもお客さまには伝わらない"っていう主義みたい」
「なるほどぉ。それはわかります。強いチームほど、みんな自分に合った個性あふれるバッティングフォームで打ちますからねぇ」
「ん…そういうことかなぁ…なんか違うような…」
「違いますか？」

「そうだ、ピッチャーに合わせてフォームが変わるとか、そんな感じ？」
「それはありません。ピッチャーに合わせてフォームを変えるなんてできません」
「じゃあ、たとえ方が違うのよ。もぉ一人で考えて。とにかく、たまきさんからは話法マニュアルはもらえないからね。ミッションをもたないまま、トークフレーズだけをテクニカルに練習しても、お客さまには伝わらないんだって。初めは厳しかったけど、その意味、今は私もわかるよ」

たまきさんが出社してきました。
「雪田さん、おはようございます」
「おはよう。この椅子、新しいのを買ってもらったのよ」
「そうなんですか？　僕のために？　嬉しいです」
「でも、しばらくは、こっちが仕事場よ」
たまきさんが腕を伸ばして指し示した先は、ブースの向こう側、フロアのほうです。
「さっき田辺さんから聞きました」
「そう、友ちゃんから」
フロアには社員がぞくぞく出社してきます。
「お、雪田くん、今日からいよいよブースか。雪田さん、頼むよ」
「あ、西田課長、おはようございます。はい、がんばります」
「課長ったら、雪田、雪田って、もぉ…　がんばる前に、ほら、朝会よ」
課員が課長の席に向かって立ちます。まずは昨日の実績発表、発表している金利動向や市場動向、そして、総務課からの連絡です。厚くんが今日からブースに入ることの紹介がありました。みんなが厚くんとたまきさんにエールを送ります。クールに会釈だけするたまきさんの横で、厚くんは右手を高く上げます。
「選挙じゃないんだから、よしなさい」
「せせらぎ支店はいい支店ですね。僕は異動してよかったです」

朝会が終わって、みんながそれぞれの席に戻ります。2人もブースに戻ります。
「投資と投資信託の制度を説明したパンフレットあるでしょ。そう、そのパンフレット、これをお客さまにお渡しして」

「配布目標ありますか？」

「何部配るとか、そういうこと？　そんなのはないわ」

「僕の話を聞いていただけるようにがんばります」

「ちょっと待って。違うわ。お客さまのお話をうかがうことよ。必ず、"今お時間いただいてよろしいですか？"ってお聞きするのよ」

「あ、話法ですね」

「違うわ」

「違うんですか？」

「エチケットよ」

「エチケット…」

「あるいは礼儀」

「礼儀…」

「一番大切なのは…」

「はいっ、それを待ってました」

「お客さまのお話をお聞きすること」

「なんだ、そうですか」

「あのねぇ」

たまきさんの言葉を遮るように、シャッターの音が響きます。ガラガラと上がっていきます。

「この音でスイッチが入るのよ。1日の始まりよ」

「なんかプロっぽくなってきました」

「お一人目のお客さまには、全員が立ち上がってご挨拶するのよ。ほら、立って」

「いらっしゃいませ」

フロア中に声が轟きます。

「お客さま、いらっしゃいませ」

「おはようございます。いらっしゃいませ」

お一人目のお客さまは、窓口に響き渡る声のなか、ハイカウンターに向かって行き、カウンターにバッグを置きます。カウンターの中はだんだんに着席していきます。

お二人目のお客さま、三人目のお客さま…　次第にせせらぎ支店のフロアにはお

客さまが多くなります。ソファに腰かけられるお客さま、雑誌を手にとるお客さま。ATMにも少し列ができてきます。
　フロア真ん中にある番号札を出す機械の横には、今日のコンシェルジュ担当の木下さんが立って、お一人おひとりのお客さまにご用件をうかがって、番号札をお渡しします。
　ご相談ブースの向かい側にあるパンフレットラックの前に立ち止まったお客さまがいらっしゃいます。パンフレットを手に取られるわけでもなく、ただ眺めていらっしゃいます。厚くんは立ち上がります。

「雪田さん、僕行ってきます」
「そうね」
「お客さま、ご来店ありがとうございます。今日はどのようなお手続きでしょうか」
　会社の制服らしきブラウスの上にカーディガンをはおった、近くの企業のOLさんのような雰囲気のお客さまです。

「あ、あの…送金ですけど」
「今、少々お時間よろしいでしょうか」
「手続きを待ってるところなので、その間なら…」
「お客さま、投資信託はいかがですか？」

「いかが、って…会社の上の者に聞いてみないと…」
「いいえ、お客さまご自身のご資産で…」
「私？」
「今、こちらのパンフレットをご覧になられていらっしゃいましたのは…」
「いろんなパンフレットが並んでるから何かなーって思っただけですけど」
「こちらは投資信託のパンフレットでございます」
「トーシシンタク？」
「はい。いろいろな資産に投資する制度で、個人ではできない分散投資が可能なんです」
「私、トーシなんて、わからないからいいです」
「よろしければご説明させていただきますので」
「そんなお金ありませんから、いいです」
「投資信託は少額で行っていただけます」
「少額って言われても…、減ることもあるんですよね。少しのお金なのに減っちゃうなんてこわいですから」
「将来のために少しずつ備えていく方法を、ご説明させていただけませんか？」
「将来…ですか？　いざというときのための保険は入ってますし、一応働いてるから年金かけてますし…。あ、だんだん年金が少なくなるとか聞きますけど、そのことですか？　親が言ってました」
「はい、将来のために」
「そう言われても、余裕ありませんから。あ、番号呼ばれてます。手続き終わったみたい」
「あ、はい。ありがとうございました」

　厚くんはラックにパンフレットを戻し、整然としているパンフレットをじーっと眺めています。そうしたら機械の音声が聞こえてきました。「お手数ですが最初からやり直してください」。ATMのほうを見ると、画面を見てじーっと立ってる男性がいます。リュックを肩にかけた若い男性です。

「お客さま、何かお困りでしょうか」
「送金したいんだけど。押し間違えたみたいで」
「かしこりました」

厚くんはお客さまにATM操作をご案内します。
「いつも携帯で送金するんだけど、ちょっと故障して、今修理に出したところなんで」
「携帯ないとお困りでしょう」
「そうなんッスよ」
「自動引き落としにはされないのですか？」
「そういうのキライなんっスよ。払うものはその都度払う主義で。クレジットカードにするとポイントとか付くじゃないですか。いいなぁって思うけど、自分は、払う行動をちゃんとしたいんですよね。でもATM使ったのは初めてで、すんません、ありがとうございました」
「あのう、お客さま、今、お時間ございますか？」
「え？」
「当行で販売しております投資信託について少々ご案内させていただけませんでしょうか」
「あぁ投資信託ね。僕、株やってるんで」
「そうなんですか」
「ナニ？　すぐもうかりそうなのがあるなら考えてもいいけど」
「短期的な投資ではなくて、将来のための中長期的な資産形成として」
「そういうさ、先のわからない話は向かないんだよね。あ、もういい？　急ぐんで」
　厚くんはお客さまの背中に向かってこう言ってお辞儀をします。
「ご来店、ありがとうございました」
　厚くんは頭をあげて、ひと息つきます。そしてまたフロアに目を向けますが、視界にたまきさんがこちらを見ている姿が…。ブースのほうに顔を向けると、ブースの丸椅子を指差します。
「時々戻ってノートに書いて」
「雪田さん」
「何？」
「投資信託の説明、できませんでした」
「うん」
「投資の説明も」

「うん」
「僕の説明を聞いていただくことは難しいです」
「みんなそうよ」
「雪田さんもですか？」
「えぇ」
「お客さまがどう思っていらっしゃるか聞かないと、ご説明なんて、できないんですね」
「そうね」
「それに…」
「それに？」
「お客さまって…それぞれですね」
「そうね。半日でそう思うなら…100点ね」
「ひゃ、ひゃくてんですか！？」
「シャッター閉まったら、ノートに書いたことを一緒に振り返りましょ」
「僕、たくさん書けるようにがんばります。ただ、1つ教えてください」
「将来のため、って言わないほうがいいんですか？」
「ううん、言うべきだと思うわ」
「はい」

●ライフプランニングは必要なもの…？

　皆さんはどう思いますか？「将来のため」とか「ライフプラン」など、お客さまにご説明しづらいとお感じになること、ありませんか？　そもそも、「ライフプランニング」とは本当に必要なことでしょうか。

　多くの方々は、「ライフプラン」を立てなくても、なんとかやりくりしているのではないでしょうか。やりくりとは、たとえば、ボーナスが多いときは、我慢しないで欲しい物を買って、少ないときは買い物を控える。子供の入学などでお金がかかる年は、旅行を控えたり、車の買い替えを少し先延ばしにする。あるいは、住宅を買うための頭金が貯まったら住宅を購入し、ローンを抱えたら、それまでの生活よりも少し切り詰めて節約していく。退職金が入ったら、のんびりと旅行をし、残ったお金は、少しでも利回りの良さそうなものに預け、年金を中心に生活しながら取り崩してい

く。このようなことは、何となく行われていることと思います。

　ずっと安定した収入があって、どんなことが起こっても大丈夫、という安心があれば、計画をする必要もないかもしれません。また、何か起きたとき、そのときに考えればいい、というのも１つの考え方です

　それに、人の人生は一様ではなく、「ライフプラン」を立てると言っても、計画どおりにいくとは限らない人生を前に、計画を立てることに意味があるのだろうか、という感じもあるのではないでしょうか。

　しかし、これまでの社会から変化していく面もあります。公的な年金・医療制度等に依存できる度合いが、従来より低下していくことが予想されます。このことは、どなたにとっても共通することでしょう。PART 1 でも述べましたが、皆で支え合う公的年金をベースとしながら、一人ひとりが自分の努力で資産形成を行っていくことも必要になるでしょう。

　老後生活への心配・年金に対する考え方を調査した結果があります。老後の生活について心配であると回答した世帯は、全体の８割以上です。雇用の問題や社会保障のことなどを背景に、将来の不安を抱えている人が増えているようです。

　老後の生活を心配する理由は、一番が、「十分な貯蓄がない」ということ、次は、「年金や保険が十分ではない」こと、それから、「現在の生活にゆとりがなく、準備していない」という理由が続きます。日本では、貯蓄率が低下してきています。その一方で、多くの世帯が老後の生活について心配しています。

　投資者としての「個人」の投資期間は、10年から40年ととても長く、これは機関投資家と決定的に異なります。しかし、自発的、非自発的と分けた場合、個人投資者の大多数は非自発的であると言われています。金融サービスを提供する立場としては、個人投資者に対しては、ライフ・ステージに応じたさまざまなアドバイスをしていく必要があります。

　退職後の生活は、７割以上が公的年金に頼っていますが、「日常生活費程度もまかなうのが難しい」と思っている世帯が約５割です。公的な年金をベースとしながらも、思い描く生活のために資金が不足しそうであれば、早い段階から貯蓄や投資の必要性を考えていただけるようなご案内が必要でしょう。

　若い世代の方々が、たとえば、おじいちゃんやおばあちゃんの様子を見て、「年金をもらえる」と思っていながら、"そのとき"になって、そんなにもらえずに、「備え

が足りなかった」と思うのではもう遅いです。あるいは、不安を感じていても、不安が具体的になって初めて、何をしなければいけないのかがわかるし、何かしなければいけないと思うようになるものです。

● **ライフプランニングの目的**

では、「ライフプランニング」を行う目的とはどういうことでしょうか。1つには、経済的に自立して、自分らしく、個々人にとっての価値観に合った暮らしのため、にあるでしょう。何か起こったときに、お金の対処ができるかどうか、また、したいことの実現にお金がかかる場合、準備が足りているかどうか、足りなかったら、したいことをあきらめるのか、実現するためにお金の準備をするのか、そんなことをあらかじめ考えておくための手段が「ライフプランニング」とも言えます。

ただ目的なく、目標がはっきりしないまま、節約が必要、ということだけでは苦痛を感じてしまいますが、「目標」をもって計画することで、不安を取り除くことができるでしょう。準備する気持ちをもっているかいないか、考えているかいないか、これは将来大きな違いとなります。

● **ライフプランを立てる**

さて、「ライフプラン」を立てるとはどんな作業でしょうか。一般に次のような流れになります。

①現状の収支を把握する
②将来の収支の予想を立てる
③将来の家計を試算する
④結果を分析し見直しする

まず1つ目は、現時点の資産と負債を整理して、差額を把握してみることです。資産としては、預貯金などの金融資産や、不動産などの価額を把握することです。土地や株式など変動する資産をお持ちの場合は、時価で把握していただくことがポイントになります。負債は、住宅や車や教育などのローンの残高の確認です。それから収支です。キャッシュフローとして、一定期間にいくら収入として得、同じ期間にいくら支出するのか、そしてプラスの資産とマイナスの資産の把握です。

2つ目は、一定期間内のお金の収支です。一般的には月々で計算します。月々のいろいろな収入と支出額を整理します。次の段階のために、それを合計して1年での把握もできるようにします。収入は、給料や事業などの収入のほかに、金融資産からの定期的な所得があれば、それも含めます。支出は、家賃やローンの返済、食費、光熱費といった生活にかかるお金、学校生活にかかる教育費などがあります。収入と支出の差額を計算します。一番大事な観点は、支出が収入より多くなっていないかどうかです。

　3つ目は、将来の予定の整理です。「キャッシュフロー表」と呼ばれる「資金予定表」を作成します。目指す将来について、生活に係る金額を予定する作業です。いざというときも想定すると、どのような準備を考えたらよいのかがわかってきます。

　「キャッシュフロー表」は、厳密に考えると、収入源であるお給料や事業収入の今後の見通しや、ローンの金利など、経済情勢の予測も必要になります。これはすなわちライフプランから、経済を見ようとする大切な作業です。資産形成、資産運用において経済を考えるというと、投資対象資産の選択の側面から予測することのようにとらえられることが多いと思いますが、ライフプランの観点で考えることが大切です。たとえば、20年、30年経ったとき、日本経済、世界経済の中で、自分が働いている会社、産業がどうなるか、税制の変化とか、そういうことを10年以上のスパンで考えることが重要です。これは、試算した結果の分析において、計画どおりにいかなかったとき、何が違っていたのか原因を考え、どのように見直し、計画を修正したらよいのか、ということのヒントにもなるでしょう。

　4つ目は、保有している資産額が変わったとき、特に値下がりしたときは、とても不安にかられると思いますが、大切なのは、資産価格の変化によって、当初の目的に変化が生じたかどうか、ということです。また、リスク許容度が変化したのかどうか、です。リスク許容度に変化がなければ、リバランスを行い、リスク許容度に変化があれば、リアロケーションが必要になるでしょう。

● ライフプランニングの効果

　「ライフプランニング」を行う効果は、資産形成・資産運用において最も重要な「目的」を定めることにあります。「目的」が明確になると、投資「期間」が明確になります。何に備えたらいいのか、目標を明確にして、期間を定めることで、目的に合

<キャッシュフロー表>

	20●●	20●●	20●●	20●●	20●●	20●●	20●●
自分の年齢							
家族の年齢							
年収							
お給料							
そのほかの収入							
支出							
基本生活費							
学校教育費							
家賃							
ローン返済							
その他の支出							
収支計							
イベント				車の買い替え		住宅購入	
イベントに係る費用							
金融資産残高							

わせた蓄え方、投資方法が明確になるでしょう。そのためには、お客さまの顧客の資産状況、将来の理想など、いろいろなことを知らなければなりません。

「本人確認」を意味する"KYC"という金融用語があります。Know Your Customerの略で、直訳は「自分の顧客を知りなさい」です。これは、マネー・ローンダリングを防止するデューデリジェンス（当然払うべき注意・努力）の一環です。マネー・ローンダリングとは、犯罪による収益の出所や帰属を隠そうとする行為ですが、お客さまの顧客情報の取得や分析は、マネー・ローンダリング防止のためだけに行われるのではなく、お客さまのことをよく知って、より良い商品提案を行おうとするお客さま本位の営業姿勢、まさにコンサルティング営業に伴うものです。すなわち、投信販売においては、KYCを基点とした姿勢が何より重要といえるでしょう。

投信販売においては、「ライフプランニング」を行っていただくことで、資産運用の必要性に対する気づきをもっていただくことになります。すなわち、潜在ニーズの顕在化を掘り起こすことになります。

お客さまの潜在ニーズに合ったコンサルティング営業は、顧客満足度や顧客ロイヤリティを高めていくことにつながります。

Column ⑥
24時間時計

　ライフプランを考えるとき、明確に思い描く将来像がなくても、何となくイメージしていただく方法として、「24時間時計」にたとえられることがあります。0時から24時までのそれぞれのシーンをこんな風にとらえていただきます。

0時から6時のゾーン
　高校卒業時は朝5時頃です。大学を卒業したとしても朝の6時をまわったところです。目覚めたばかりで、1日をどう過ごすのか、まだはっきりと見えていません。眠い目をこすりながら、1日をどう過ごすのか、ぼんやりと考え始める頃です。

6時から12時のゾーン
　朝の身支度からオンモードへ突入する午前の時間です。卒業から、仕事に就くなど、ライフステージが変わる頃でしょう。慌しく過ごす時間帯です。

12時から17時のゾーン
　ペースをつかんで活発に活動する時間です。慌しかった午前に比べれば、1日のペースをつかめる頃と言えるでしょうか。アフタヌーンティーでくつろぐこともあるかもしれません。でも、日暮れはまだ先。失敗をしても挽回できる時間は残されている時期。安定するにはまだ早くて、午前より慌しいかもしれません。

17時から24時のゾーン
　ようやくオフタイム。夕食や親しい人との語らい、自分のために存分に使える時間です。積み重ねてきたことを礎に、24時までやり残したことを楽しむ頃です。

　たとえ計画しても思うようにはいかないものですが、オフタイムが楽しいものであるように、人それぞれの24時間時計で、どのシーンでどのくらい準備するのか、イメージの参考にしていただけると思います。

　オフタイムなく24時まで駆け抜けるときも、駆け抜けるために必要なお金が足りるかどうかなど、お客さまに合わせた「24時間時計」、ほんの話題にしていただけるのではないでしょうか。

PART 5

金融リテラシーとは…

Scene 19 | 厚くん、ついに窓口デビュー!?

　厚くんがロビーでお客さまにパンフレットをお渡しする仕事は数日続きました。昨日の夕方も、シャッターが降りてから、厚くんはお客さまの席に座り、たまきさんと1日の振り返りをしました。
「この間、話しかけさせていただいたお客さまが、今日、会社の送金のことでまたご来店されました」
「近くの会社にお勤めの女性ね」
「はい。投資信託のことで説明を聞きたいとおっしゃって、明日のお昼休みの時間にご来店くださるそうです。雪田さんのブースに来てくださるようにご案内しました」
「そう」
「高島さまとおっしゃいます」
「了解。じゃあ、友ちゃんに、その時間、予約があることを伝えておくわ。もし別のお客さまがいらしたら友ちゃんのブースにご案内しなければならないから」
「はい。よろしくお願いします」
「雪田くん、明日からブースに入って」
「えっ、明日からですか？」
「そうよ」
「僕、ブースに入るんですね。その丸椅子が明日からの僕の席かぁ」
「いいえ、雪田くんが座るのはここ」
　たまきさんは自分が座っている椅子をポンポンと叩きます。
「えっ、じゃあその丸椅子は？」
「私よ。斜めうしろで雪田くんのサポートをするわ」
「雪田さんが、丸椅子、ですか？」
「課長と支店長に言って、新しいのを買ってもらったの」
「…雪田さん用…だったんですか…」
「そうよ」
「そうなんだ…。新しい丸椅子は雪田さんのため…。で、僕はその椅子」
「このブースは雪田くんのブース」

「はいっ」
　厚くんの戸惑いが、嬉しい緊張感に変わるには、それほど長い時間はかかりませんでした。

　翌日の朝です。
「雪田くん、おはよう」
　ブースの椅子に腰掛けてじーっと前を向いていた厚くんが振り返って立ち上がります。
「あ、田辺さん、おはようございます。今日から、僕、このブースです」
「この間もそう言ってたわね。でも、セカンドではなくて、早速マウンドね」
「はい。ブースの中って緊張しますね」
「ブースの中でもフロアでも、お客さまとお話しする点では同じよ。たまきさんがうしろにいてくれるから安心よ」
「はい」

　たまきさんが出社です。
「たまきさん、おはようございます」
「雪田さんっ、おはようございますっ」
　たまきさんは「おはよう」と言ってから丸椅子に腰掛けます。
「うん、座り心地いいわ。カウンターからのこの距離感、なかなか新鮮ね。あ、友ちゃん、今日のお昼は予約のお客さまがいらっしゃるからよろしくね」
「承知してます。たまきさん、なんか似合いませんよ」
「せっかく新しい椅子を買ってもらったのよ。私は当分ここに座るわ」

　朝会では西田課長から、厚くんがブースで担当することが発表されました。
「ま、"雪田ブース"と呼んでいたブース名に変わりはないな。はは」
　厚くんは緊張のせいで笑うことができず、たまきさんは独り言をつぶやきます。
「西田課長ったら…　あ、ちょっと待って。お客さまも…」
　たまきさんは、朝会のすべての連絡が終わったタイミングで手をあげます。
「皆さん、すみません。あらためまして申し上げます。当支店には、雪田が二人い

ます。私たち、雪田二人も、十分気をつけますが、皆さまのご協力もどうぞよろしくお願いします」
「そうだな。たとえば電話がつながってから別の雪田のつもりだった、となってはお客さまに失礼になってしまうからな。みんな気をつけて」
　課長の一言にそれぞれ声があがります。
「がんばれよ、厚」
「そうか、新しい椅子はたまきさん用だったんだな」

　朝会が終わって席に戻ります。
「なんだかマウンドに立ってるようだ。ピッチャーってこんな気分だったのか」
「お客さまがいらしたら、まず立ってご挨拶して、椅子のほうに手を差し出して、おかけいただくようにご案内するのよ」
「はい」

　シャッターが上がります。フロアの社員は全員立ち上がります。厚くんも立ち上がります。
「マウンドで聞くと、音の響きが違う…」
　厚くんのつぶやきは、シャッターの音に消されて、たまきさんには聞こえません。でも、背中から漂う緊張感は、たまきさんはじめ、フロア全員が見守っています。
　厚くんは、見えない相手に話しかけるように、パンフレットをロビー側に向けて、もごもごとつぶやきます。時々たまきさんのほうを振り返って質問したり…。
　そんな厚くんのことを察してなのか、今日はお客さまが少なく、あっという間にお昼の時間が近づきました。
「もうすぐ高島さまがいらっしゃいます」
「そうね。ブースでの初めてのお客さまね」
　制服姿の女性がブースに近づいていらっしゃいました。
「高島さま、いらっしゃいませ。どうぞ、お掛けください。お昼のご休憩時間にご来店くださってありがとうございます」
「あ…はい」
　斜めうしろからたまきさんの声がします。

「一緒に担当させていただきます、雪田たまきと申します」
「ゆきた… 同じ苗字ですか？」
「はい」
二人の声が重なります。
お客さまが腰掛けられてから、二人も座ります。
「先日お渡しさせていただいた資料はこちらでした。何かおわかりにくい点はございませんでしたでしょうか」
厚くんはすらすらと話していきます。ここまでは何度も練習したようです。
「あぁ、わかりにくいこと…ですか？」
「はい。どんなことでも、ご質問いただければご説明させていただきます」
「あぁ、はい…」
一瞬の沈黙があり、その沈黙を長続きさせないかのように、たまきさんが身を乗り出してお客さまに話しかけます。
「普段お忙しいなか、お金のことをお考えになる機会って少ないのではないでしょうか」
「少ないっていうか、入社してすぐに財形に入ったことと、あとは、保険に入ったくらいで…」

135

「そのようななかで資料をご覧いただき、ありがとうございます」

「ただ、なんとなく、興味というか、知りたいなっていう気持ちはあるんですけど、誰に聞いたらいいのかわからないし、投資ってこわいものだと思ってたし、金融機関には聞きにいくし…。あ、ごめんなさい」

「いいえ。ありがとうございます。ご一緒に、少しずつお話しさせていただきながら、こちらの内容をご案内させていただければと思いますが、いかがでしょうか」

「そんなことでもいいんですか？」

「お金の計画はお客さまそれぞれです。目的が大切で、まず、目的を合わせてご計画されるなかで、投資信託も１つの手段ということでございます」

「よく、資産運用っていうじゃないですか。それって、どの商品がもうかるのか、とか、そういうことを考えることだと思ってましたけど。それに、ほらそこに"資産運用ご相談セミナー"ってありますけど、私、資産なんていうお金はないんです」

厚くんは、高島さまのお話に、真剣な表情でうなずきます。

「生活に必要なお金や、将来のために必要なご資産は人それぞれです。預金含めていろいろな金融商品がございます。制度もいろいろございます。お客さまがすでにお勤め先で利用されていらっしゃいます財形貯蓄もその１つですが、そのほかにも、税金の恩典の制度はございます。そうした制度を使っていただくときに、どのような商品がお客さまに合っているのかということも、お客さまのお話を伺わせていただきながら、ご一緒に考えさせていただければと思います。いかがでしょうか」

「資産なんてないんですけど、この間、声をかけてくれたとき、"将来のために少しずつ"って言われて、それなら…と思ったんです」

「ありがとうございます。たとえば、数年後にまとまって支出しなければならないご予定などがございましたら、そのためのご計画もご提案させていただきたいですし、そちらとは別に、もう少し遠い将来のために、１万円ずつとか５千円ずつとか、長期間をかけて積み立てていただくことも、ご提案させていただきたいと思います」

「そう言われてみると、私、毎月、ただなんとなく使ってて、いくら残ってるのかわからない」

「たとえば、今の生活の残りの金額の中からお考えいただくのも１つですが、近い将来、遠い将来への備えを、先に決めて、その残りで、毎月の支出をやりくりしていく、というのも１つの方法です」

「たしかに、財形って、いくらの引き落としにしたか覚えてないし、毎日スマホ使ってるけど、料金を気にしないで使ってます。気づいたらこんなに使ってたっけ、って感じで。気をつけられること、もっとあるかもしれない」
「そのようなことも、少し先のお金のことをお考えいただくことによって気づかれることかもしれません」
「ふぅん。今日はもう時間がありませんけど、また来てもいいですか？」
「はいっ。お待ちしております。ありがとうございました」
　お客さまが立ち上がるのと同時に、二人は立ち上がってお辞儀します。厚くんは少し元気なさげです。
「お昼、行こうか」
　デスクの上に、離席中のプレートを置いて、社員で入り口から出て行きます。
　いつか行った中華のお店です。二人とも、またチャーハンを注文します。お水を一口飲んでコップを置いて厚くんがたまきさんに聞きます。
「雪田さん、僕は何からお話ししたらよかったんでしょうか」
「フロアでご説明しようとしたことでいいのよ」
「雪田さん、僕、お客さまに興味をもっていただくのは難しいことだ、ってロビーでよくわかりました。どんなことからお話ししたらいいのかっていうことはお客さまそれぞれなんだな、って。マニュアルがあったとしても、お客さまに標準はない、って」
「とっても大切なことよ」
「それって、ほめてくれてます？」
「で、ブースでは？」
「正直に言いますと、僕、雪田さんがいらっしゃらなかったら、お客さまとほとんどお話できませんでした。ご質問事項はないって言われてそれっきりでした」
「雪田くんは、お客さまに資料の内容をお客さまに知っていただくためにご説明しようとしたよね」
「そうです」
「今の雪田くんの仕事で、最も大切で、最も難しいことってなんだと思う？」
「…何ですか？」
「実は、ブースにお越しいただくことよ」

「…」
「興味をもっていただくこと」
「はぁ…」
「次は、目的をもつということを意識していただくこと。それから、資産形成としても、まとまった資産の運用としても、基本で大切なこととしては、中長期とか、分散とか、積立の効果。分散も２つあるでしょ」
「資産の分散と時間の分散ですね」
「うん。それと、もっとベーシックなこと。複利の効果とか、リスク・リターンの関係とか」
「今の僕は、どれも説明できますが、せせらぎ支店に来るまでは、ちゃんとわかっていなかったかもしれません」
「もし、お客さまがあらかじめ商品を決めてご来店されたとしても、商品のご説明をしながら、お客さまがご存知かどうか察していくことは難しいことだけどね」
「質問はない、って言われても、ファンドのこと、ひたすらご説明していけばいいんでしょうか」
「それも違うわ。雪田くんが勉強してきたことを、個別の投信のこと含めて、お客さまに、ひたすら一から全部お伝えすることが仕事、って思わないで」
「どういう意味ですか？」
「そうね。お客さまに、ベースとしてどのくらい知っていていただきたいか、そのイメージをもっておくことね」
「ベース…ですか…」
「じゃあ、戻ったら整理しましょ」

　厚くんは、高島さまにほとんどお話できませんでしたが、厚くんにとっては、高島さまのご来店は大きな一歩でした。

●金融リテラシーを身に付ける前に

　たまきさんは、高島さまのご来店を振り返ってこう言いました。
「一番難しいのはこのブースにお越しいただくこと」
　それから、
「お客さまに、ベースとしてどのくらい知っていていただきたいか、そのイメージ

をもつこと」

　この2つについて考えてみましょう。
　まず、「ブースにお越しいただくこと」です。これは何を意味するのでしょうか。ブースにお越しいただくことは、お客さまの「意識」による行動ですね。そこで、「意識」について考えてみます。

　「リテラシー」という言葉、見聞きしたことあると思います。「リテラシー(literacy)」とは、The ability to read and write、すなわち「読み書きできる能力」です。それを「金融」についてあてはめると、「金融リテラシー」とは、投資の「知識」や「情報」を取得して理解したうえで、「金融商品やサービスを主体的に選択できる能力」といえるでしょう。知識や情報をもてば、経験を積んでいけるものと思われます。しかし、情報があっても、情報を得ようとする「意識」がなければ、情報は素通りしていくだけではないでしょうか。
　人は「知識」があれば「経験」を積み重ねていきます。でも、「知識」を得るのに必要なのは「意識」であって、意識を高めていただくのに必要なのは、情報ではありません。「意識」のことを「意欲」と言ってもいいのかもしれません。「知識」を取得するためには、まず「意識」あるいは「意欲」が必要です。それらは、内からわいてくるものです。
　投資について「意識」や「意欲」をもっていただくために必要なのは、投資の必要性を感じとっていただくことでしょう。
　これは販売担当者も同じことでしょう。「意欲」があれば、自発的にお客さまのニーズや気持ちを汲み取ることができて、適切なコンサルティングにつながります。投信販売の「意欲」を高めるためには、まず、「投資信託は資産形成の役に立つ。どのような投資環境においてもお客さまの豊かな生活のためにお手伝いしている」という信念をもつことが大切でしょう。
　投資教育が必要、と言われるようになりました。ただ、それぞれのお客さまにとって必要なことは、画一的なことではないのかもしれませんし、また日々の生活の中で、数多くなる金融商品すべての詳細なことまで知る必要はない、と言えるでしょう。

●お客さまにも知っていただきたいこと〜6つの観点

　では、そのリスク含めて、投資にあたって「ベースとしてお客さまに知っていていただきたいこと」について考えてみましょう。投資にあたって必要な知識とは何でしょう。人それぞれで考え方は異なるかもしれませんが、ここでは6つの観点で整理します。

1. 複利効果
2. リスク・リターンの関係
3. 長期投資
4. 分散投資
5. 積立投資
6. 経済知識

1．複利効果

　利息の計算方法には、「単利」と「複利」があります。元本に利子が付くのは単利、利子にも利子が付くのが複利です。

　「複利効果」は、よく"雪だるま"にたとえられます。雪のかたまりを、ころころ転がしていくと、雪に雪が付いていくようなイメージです。投資においても、得た利益を再投資することで更なる利益が生まれ、「複利効果」を得られます。短期運用ではそれほど大きな差にはなりませんが、投資期間が長くなればなるほど、複利の効果は大きくなります。

　のちほど説明する長期投資とも関連します。時間は投資の大きな味方で、複利効果も長期投資によって大きくなるといえます。複利効果を端的に表す法則があります。「72の法則」といいます。

　資産運用において元本を2倍にするときのおおよその年数、金利が簡易に求められる法則です。72÷A＝Bという数式のAに複利の利率をあてはめると、Bの数字は元本がほぼ倍になる年数を表します。

　資産の蓄積で特に注意すべき点は、その運用率が物価上昇率に負けないようにすること、つまり資産デフレ（目減り）を起こさないようにすることです。たとえば、現在100万円の価値があるものが、20年後に2倍の200万円の価値に上昇していた場合、現在資産が2倍に増えていたとしても、実質の資産価値は変わらず、逆に2倍

以下の場合、「実質価値の下落＝資産デフレ」を防ぐには、その期間に 2 倍以上になる平均利回りが必要になります。

　そこで、運用の目安を探る方法として、72 の法則を運用の目安とすることができるのです。資産運用を考える場合、その運用先のリスクを考慮することは当然ですが、この 72 の法則を使い、物価上昇に負けないリターンを得られる運用先を選ぶ必要があります。

　坂道を登る場合、一定のスピードで登るとしたら、当然ながら先にスタートしたほうがより高いところまで早くたどり着きます。後からスタートした人が先行の人と同じ場所に同じ時間にたどり着くためには、より早いスピードで登っていかなければなりません。このことを資産運用で考えた場合、どのような差が出るのでしょうか。

　72 の法則に基づき、仮に 8％で運用を行った場合を考えてみます。

　仮に 30 歳の人がそれまで蓄積した 500 万を概ね年金受給開始時まで手をつけずに運用した場合、72 ÷ 8 ＝ 9 で、9 年ごとに元本が倍になるため、39 歳で 1,000 万円、48 歳で 2,000 万円、57 歳で 4,000 万円、66 歳では、元本 500 万円に対し 8,000 万円になります。

　つまり、概ね年金受給開始時までに 8,000 万円を目標にした場合、30 歳の人は元本を 500 万円でスタートできますが、48 歳の人は元本を 2,000 万円用意するか、よりリスクの高い運用をしなければ目標に到達できません。しかし、すでに蓄積した資産をより増進させていく年代は、それまで蓄積してきた資産を目減りさせないように、リスクを軽減させていく運用計画が必要になります。

　運用期間が短ければ、多くの元本を運用しても平均利率が下がり、目標額が少なくなってしまいます。これが資産運用における遅延の代償です。資産運用を始めるのであれば早いにこしたことはありません。

　なお、この公式はインフレの怖さを知る場合にも使えます。一定の割合でインフレが進んだ場合、お金の価値が半分になるにはおおよそ何年かかるかを計算できます。たとえば、インフレ率が 2 ％の場合、全く運用を行わなければ、お金の価値が半分になるには 72 ÷ 2 ＝約 36 年ということになります。

2．リスク・リターンの関係

　リスクについては何度も登場しましたが、今一度、リターンとの関係から考えてみ

たいと思います。日常の生活の中で「リスク」というと、「危険」という意味で使われることが多いでしょう。そこで金融商品には「リスクがある」というと、それはすなわち、「元本が減ること」だと思われがちです。しかし投資の世界では、リスクとは将来に起きる結果の不確実性を意味します。将来の期待（予想）リターンが「不確実」なことなのです。

　このことを専門的に言いますと、「期待しているリターンが予想どおりに得られない可能性」、つまり「期待リターンに対する実際のリターンの振れ幅」がリスクです。

　PART 2では、リスクの計算をしましたが、ここではお客さまに知っていただきたいこととして、イメージ図を見てみましょう。

<リスクの小さい運用のイメージ>

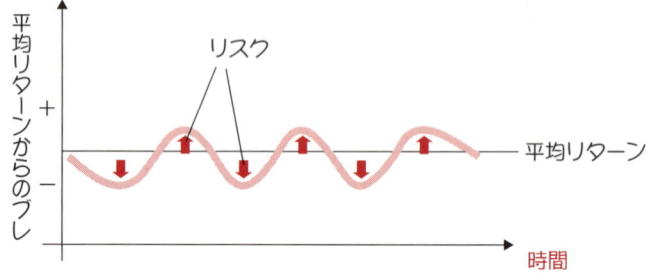

　たとえば、ある資産の価格がこのように変動したとします。この「変動の割合」がリスクですね。

　下の図は、収益の変動の幅が大きいです。先の場合よりも、こちらの場合のほうが「リスクが大きい」です。

<リスクの大きい運用のイメージ>

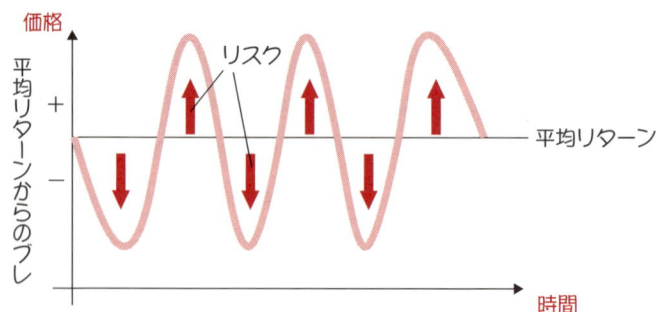

収益の変動、振れ幅は、上も下も含みます。「高いリターンを得る機会がある」ということは、「値動きの幅が大きい」ということであり、その反対の機会もある。これを「リスクが高い」といいます。

　投資におけるリスクとリターンの関係は、「リターンが高いものは変動の幅が大きくて、すなわちリスクが高い」、したがって「元本を割れる可能性も高い」という関係です。よって、「世の中には、リターンが高くてリスクが低い、といった金融商品はない」ということを、まずご理解いただきましょう。

　ところで、「貯蓄」と「投資」は別物なのでしょうか。

　観念的な違いこそあれ、どちらも資産運用であることに変わりはありません。「貯蓄」とは、いわば守りの運用で、「投資」とは攻めの運用です。つまり、両者の違いはリスク・リターンの高低の違いだけであり、明確な線引きは難しいのではないでしょうか。

　長期投資の前提に立てば、株式投資も「貯蓄」の性格を色濃くおびてきます。投資信託の起源を見ても、「投資」は「貯蓄」の延長線上のものであり、「貯蓄」と「投資」は全く別物というわけではないでしょう。

　人によってお金の使い方はさまざまです。「今、使わないお金を将来何に使いたいか」「これから入ってくるお金はどのくらいあるのか」などによって、「貯蓄」と「投資」のバランスは違ってきます。何のために投資をするのか、投資することで成長性を望むか、安定性を望むか、投資期間は2年未満なのか、5年くらいなのか、10年くらいなのか、もっと長い期間投資できるのか。そういったことから、どのくらいのリスク、すなわち値動きの幅を受け入れることができるのか、あらかじめ考えおいていただくことが大切です。

　「元本を割れる可能性があるならイヤ」と思われるお客さまが多いかもしれません。ですが、リスク、すなわち変動の幅、を小さくする方法があります。言い換えると、「安定的に収益を得ていくための方法」ともいえます。

　それが、資産分散、長期投資、時間分散、なのです。

3．長期投資

　長期投資とは、その名のとおり、「短い期間ではなくて、長い期間をかけて投資す

ること」です。「時間を味方にする」ともいいます。

　投資の目的は一言でいえば"収益を得ること"でしょう。収益を得るためには、買った価格より高く売ることであり、買うときの価格は安ければ安いほど、売るときの価格は高ければ高いほどよいに決まっています。しかし、投資においては、価格以外にも重要な概念があります。それは「時間」です。

　市場は常に、上昇と下落を繰り返し、短期的に見ると、好調な場合、不調な場合がありますが、長期的な視野で見てみると、このような上下を繰り返しながら、徐々に上昇していることが多いのです。それは、国も企業も個人も常に成長しよう、成長しようと努力、競争していて、この力が長期的な市場の上昇をもたらしていることによります。

　PART 2でふれましたとおり、リスクは、リターンの振れ幅である標準偏差で示されます。仮に、期待リターンが同じであれば、その振れ幅、すなわち標準偏差が小さいほど投資家にとっては好ましいことになります。リターンは高く、リスクは小さいことは誰もが望むことでしょう。

　それでは、長期投資によって、どうしてリスクが減るのでしょうか。単純な例で考えてみましょう。

　Aという金融商品の1年間の期待リターンが12％、標準偏差リスクが10％であったとします。この金融商品に2年間投資しても、3年間投資しても、年率で見た期待リターンは12％で変わりません。

　一方、リスクは標準偏差の2乗である「分散」が投資期間に比例して大きくなることから、2年間投資した場合の分散は200％（＝（10％の2乗）×2）となり、2年間の標準偏差は14.1％（＝200％の2乗根）となります。これを年率化すれば、7.1％（＝14.1％÷2）になります。同様に、3年間投資した場合のリスクは、5.8％と更に小さくなります。

　すなわち、投資期間が2年、3年と長くなるにつれて、期待リターンは12％で変わりませんが、標準偏差（リスク）だけが小さくなることになります。これが長期投資のメリットです。

　また、長期投資はリスクを減らすという考え方の前提になっているのは、株式市場は短期的には激しく上下することはあっても、長期的には右肩上がりになっているという見方です。

そう考えられる理由には、次の3つがあります。

・株式市場が初めて英国で創設されて以来、過去の世界の歴史を振り返ってみると、すべての株式市場が長期的には右肩上がりでした。もちろん、個別企業の株式では右肩下がりになって消えてなくなるものがたくさんありましたが、株式市場では衰退した企業が退出し、新興企業が入ってくるという新陳代謝が常に起こっているからです。

・そもそも投資家が株式市場に投資したお金は、経営者によってインフレ率より高く、また、銀行借入れ金利よりも高いリターンを生み出すような事業に投資されています。この仕組みが右肩上がりの原動力です。言い方を換えれば、そうした事業展開ができるような経営者や企業のみが株式市場に参加し続けることができるのです。

・株式市場には、このように勝ち残り企業のみが集まる仕組みがあるため、仮にある国が長期的な衰退傾向に入って、マクロの経済成長率が低下したとしても、その結果、必ずしも株式市場が長期的に右肩下がりにはなりません。たとえば、英国は、過去数十年から百年近くにわたって相対的には国力を低下させてきましたが、それによって直接的に影響を受けたのは為替の英ポンドであり、英国の株式市場は、強い企業が入れ代わり立ち代わり参加し、株主の資金を有望な事業に投資することによって、その間、百倍以上も値上がりしてきたのです。

　たとえば、「長期投資がよいのか、短期投資がよいのか」という論争や、「長期投資をするとリスクが減る」という理論は、実は、投資する期間を区切る必要の有無など、投資家の立場によって異なります。こうした立場の違いをふまえて、長期投資について考えてみたいと思います。

　長期投資でリスクが減るというのは、「年率換算」した価格のブレ（ボラティリティと言います）が減るということです。将来期待されるリターンが10％である場合、今100円で投資をしたら1年後には110円になることが期待できるということを意味し、リスクが10％とは、1年後に期待される110円から、約68％の確率（正規分布表における平均±1σの面積です）で10％ブレる、つまり99円〜121円の幅までリターンがブレるということを意味します。

　この考え方に基づけば、リスクが10％の銘柄に1年間投資する場合のリスクは

145

10％ですが、4年間投資する場合のリスクは5％となります。この計算においては、たとえば期間が100年ならリスクは1％にまで落ちることになります。理屈では期間が長ければ長いほどリスクは小さくなるというわけです。

　しかし、多くの人がイメージしている"リスク"とは、前述のように買ったときの価格が売るときに値下がりする確率、つまり自分が売ったときに損をする確率（これをダウンサイドリスクと呼びます）です。そして、これは計算をするまでもなく、先が長ければ長いほど不確実性は高まる、つまり"リスク"は高いととらえられます。借入れの金利や債券の利息など、短期と長期では一般的に長期のほうが金利・利息は高くなります。金利や利息は不確実性の対価でもあるわけですから、当然ということです。

　すなわち、投資理論上の考え方としては、時間の区切りがありませんが、リスクのイメージでは時間を区切って考えます。長期投資でリスクが減るかどうかは、投資する期間を区切るか区切らないかで変わってきますから、立場によって正しかったり間違ったりします。

　「長期投資が有利」の根拠は、年率換算のボラティリティが小さくなるという投資理論に加え、「長期的には、国や企業は成長する」というもので、一方、「短期投資が有利」の理屈は、「長い間保有しているリスクがない」ということです。

　しかし、だからといって短期間ならリスクが減るわけではありません。これは投資理論上だけではなく、損をする確率という意味のどちらにおいても、リスクが減るという根拠はありません。

　すると、長期投資のメリットに疑問を抱くかもしれませんが、すなわち短期投資が有利ということではありません。大切なのは、投資には、時期と期間が重要なので、まずは「いつから」「何年」投資できるのかをはっきりさせ、その次にその期間が上昇時期と判断したならば、長期投資ということになります。

　それから、「長期投資」と「長期保有」について考えてみましょう。両者の違いを混同して必要以上に損失を拡大しないようにすることも重要であると言われています。

　「長期投資」とは、「長期的な観点からの投資行動を長年続ける」ことで、一方、「長期保有」とは、「単に購入した金融商品を長期にわたって持ち続けること（＝ buy & hold）」で、両者は同じ意味ではありません。

たとえば、一方的な右肩上がりの経済成長を期待しにくい国の株式を投資対象として考える場合、単に「長期保有」するのではなく、マーケットが下落傾向となったときは、早めに売却することで利益を確定しながら損失を抑える、といった「長期投資」のスタイルがよいと言えます。

　一方で、右肩上がりの経済成長の期待がもてる国の株式市場を投資対象として考える場合には、短期的には価格が上下しても、「長期保有」で問題ないとも言えます。

　「長期投資」の方法は1つではありません。たとえば、将来成長が見込めて、現在の株価が割安な企業を見つけて「長期保有」するのも1つの方法ですし、国内外のいろいろな金融商品に分散投資して、トータルでリターンを得ようとするのも1つの方法です。前者の方法は、多くの方にとっては通常難しいことですが、後者の方法は、バランスファンドによって手軽となる方法といえるでしょう。

　分散投資の場合、年月の経過とともに最初に決めた資産配分からの乖離が生じます。その場合、適切な資産配分に修正するリバランスを行いますが、リバランスの際には、保有する資産の一部売却や買い増しが生じます。決して、購入した資産を単に持ち続けるわけではありません。この点、バランスファンドを利用することで、必要なリバランスは運用会社が行ってくれることとなり、「長期保有」することで「長期投資」につながることとなります。「長期投資」の目的は長期でのリターンを得ることであって、「長期保有」自体が目的ではありません。

　また、「長期投資」といっても、長期のとらえ方は人によって違うでしょう。1年を超えれば長期だと考える人もいれば、5年超、10年超ととらえる人もいます。生活者にとって投資のためのお金は「暮らしのお金」です。いつまでにいくらのお金が必要かを確認し、相場環境に関係なく、必要なお金が準備できるようなマネープランニングをしなくてはなりません。こう考えてみると、「長期」という曖昧な言葉ではなく、お客さまそれぞれの「暮らし」の時間軸で考えることが大切ですね。

　ひと口に投資と言っても、どのような資産なのかによって、好ましい投資スタイルは異なってきます。「長期保有」と「長期投資」との違いを理解したうえで、お客さまにご案内することが大切でしょう。

4．分散投資

　価格が変動する金融商品をいくつも持つと、より市場の変動にさらされると感じら

れるかもしれませんが、数学的には、組み合わせると、割合によって変動幅は抑えられるという結果になります。

PART 2で見てきたことをおさらいしましょう。ここでは、相関係数がゼロである場合とします。

資産Aは、期待リターン12％、リスク（標準偏差）18％とします。資産Bは、期待リターン6％、リスク（標準偏差）12％とします。組み合わせると、割合によって標準偏差は下がります。

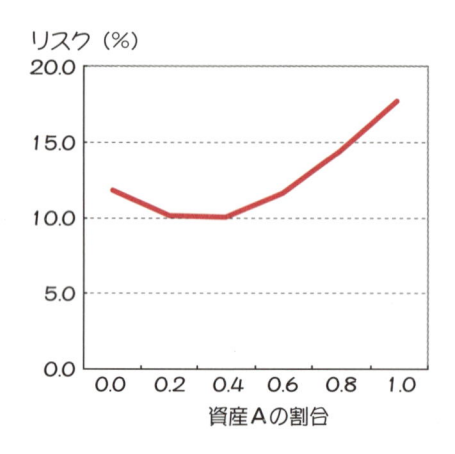

ただ、組み合わせるときには、相関といって、状況の変化に違う動きをする資産を組み合わせるという発想が必要でしたね。大きな金融ショックのときにいろいろな資産が皆、同じ動きだったということから、分散の効果はないかのように言われましたが、一時期でした。逆に今は、一時期のショックを含めて検証することができます。資産の分散が重要なことは普遍的なことです。

資産Aの割合	0.0	0.2	0.4	0.6	0.8	1.0
資産Bの割合	1.0	0.8	0.6	0.4	0.2	0.0
期待リターン（％）	6.0	7.2	8.4	9.6	10.8	12.0
標準偏差（％）	12.0	10.3	10.2	11.8	14.6	18.0

資産間の相関によって分散効果は異なるとしても、分散が基本であることには変わりありません。分散効果の程度は異なるとしても、分散することによる効果がゼロに

なるわけではないのであれば、分散する効果はあるわけです。
　PART 2 で過去の危機を振り返って考えてみたように、分散投資の重要性は「普遍」であり、また「不変」です。

5．積立投資

　このような値動きをする資産があったとします。ある月が 10,000 円、翌月は 15,000 円、3 ヵ月後は 5,000 円、4 ヵ月後は 10,000 円。同じ数量で投資していったら、平均価格は 10,000 円です。ところが、毎月 10,000 円ずつ投資していった場合は、平均価格は 8,571 円。この 4 ヵ月目に投資した時点で、すでに利益が出ています。
　変動する金融商品を定期的に一定金額ずつ購入すると、安いときはより多い数量を購入し、価格が高いときはより少ない数量を購入することによって、毎月同じ量を購入していくよりも、取得価格を低く抑えることができます。言い換えると、利益を安定的に得ていく可能性が高まります。これを「ドル・コスト平均法」と言います。まとまったお金で投資しなくても、少しずつ継続することができれば、投資に伴うリスクを抑えることができます。
　経済は生き物で、市場も日々変化します。マーケットは上昇し続けることも、また、下落し続けることもありません。市場動向によって毎日価額が変化する金融商品に投資する場合、価額の変動は避けられません。しかし、一定額ずつ積み立てる場合は、それが功を奏すると言えます。

<毎月 1 万円を購入した場合（等金額投資）>

	第1回目	第2回目	第3回目	第4回目	合計
お買付金額	10,000 円	10,000 円	10,000 円	10,000 円	40,000 円
お買付口数	10,000 口	6,667 口	20,000 口	10,000 口	46,667 口

1 万口当たり平均取得価格＝ 8,571 円

<毎月 1 万円を購入した場合（等口数投資）>

	第1回目	第2回目	第3回目	第4回目	合計
お買付金額	10,000 円	15,000 円	5,000 円	10,000 円	40,000 円
お買付口数	10,000 口	10,000 口	10,000 口	10,000 口	40,000 口

1 万口当たり平均取得価格＝ 10,000 円

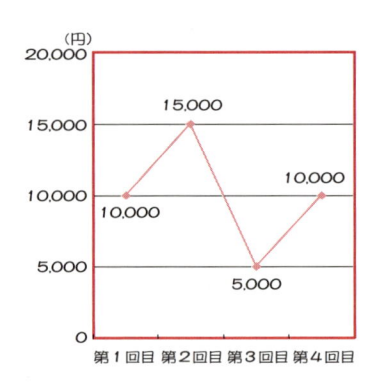

以上の資産の分散、長期投資、積立投資、これらは、投資の基本です。マーケットの予測を短期的に当て続けることはできないといえるでしょう。大切なのは、資産の分散効果や積立の効果の仕組みをご理解いただけるようにお伝えすることでしょう。

　積立投資を販売方法として考えてみると、積立による販売方法には次のような効果があるといえます。

＜平均購入単価の引下効果＞

　ドル・コスト平均法による平均購入単価の引下効果が期待できます。市場の動向、投資タイミングなどにこだわることなく、投資を始める提案を行うことができると言えます。

＜継続的な取引を行っていただく効果＞

　市場環境が悪化した場面では、購入数量を増やし、平均購入単価を引き下げていきます。取引のリテンションが図りやすく、顧客ロイヤリティを高めることができます。

＜現役世代へのアプローチ＞

　月々少額から取り組むことができますから、現役世代の利用拡大が図りやすいと言えます。

6．経済知識

　金融の基礎知識というと、経済についての理解も必要になりますが、個人の資産形成においては、投資対象を考えるにあたって国の経済を考えるというよりも、むしろ、それぞれがおかれている環境から経済を考える、という視点をもつことがよいで

しょう。たとえば、給料とか年金とか、つまりライフプランから経済を見ようとすることが大切でしょう。

「給料」で考えるなら、20年とか30年経ったときに、日本経済、世界経済の中で、自分が働いている会社、産業がどうなるか。また、定年退職する時期に、公的年金をいくらもらえそうかなど、年金制度では、私的年金の制度がどのようなものがあるのか確認することも大切でしょう。さらに、医療負担がどのくらい増えそうなのか、また、税制の変化ではどのようなことが予想されるのか。そうしたことを10年以上の長いスパンで考えることのほうがむしろ重要です。つまり、投資対象に目を向ける前に、自分の生活、ライフプランから経済を見るのです。

もう一歩踏み込むとしたら、次のような3段階で観察するのはいかがでしょうか。1段階目はファンダメンタルズです。国の成長率とか物価とか経常収支です。2段階目は政策判断です。景気や物価、インフレ率がどのように予測できて、それに対してどういう政策がとられているかということです。3段階目はそれらが市場にどのくらい織り込まれているか、ということです。

資産配分、株式や債券をどう配分してよいのか、ということを考えるときには、景気は強いがやや弱くなってきたとか、経常収支の変化や金利水準の変化とか、そういう経済ファンダメンタルズの方向感を見極めるための分析が必要になります。

では、代表的な経済指標をいくつかおさえておきましょう。

① GDP

まず、GDPです。GDP 国内総生産とは、「ある国において、一定期間に生み出された財貨・サービスの付加価値の総額」のことを言います。

GDPには、名目GDPと実質GDPがあります。名目GDPとは、実際に市場で取引されている価格に基づいて推計された値のことを言います。一方、実質GDPとは、物価の上昇・下落分を取り除いた値のことを言います。通常、GDPの構成比などを見る際は、名目GDPを利用します。また、経済成長率を見る際は実質GDPがよく利用されます。

GDPは、一国の経済活動を把握する指標で、経済統計の中で最も注目されるものの1つです。一般に経済成長率と呼ばれるものは、このGDPの実質成長率のことを指します。

一般にGDPは、支出面からとらえたGDE 国内総支出の側面から見ることが多く、

需要項目別に、国内需要（民間需要・公的需要）と財貨・サービスの純輸出（輸出－輸入）に大きく区分されます。なかでも、内需のうち個人消費を表す民間最終消費支出は、日本では、名目 GDP 全体の 6 割弱を占める最大項目です。つまり、個人消費が経済に与える影響は大きいと言えます。

②日銀短観

日銀短観とは、全国企業短期経済観測調査で、全国の企業動向を的確に把握し、金融対策の適切な運営に役立てることを目的とした統計です。国内統計の中では最も注目度が高い指標です。日銀が全国の調査対象企業に対して、業況等の現状・先行きに関する判断や、事業計画に関する実績・予測など、企業活動全般に関する調査項目、現預金残高などを調査した四半期項目、設備投資の計画などを調査した年度計画、そして新卒者採用状況があります。

③大企業・製造業の業況判断 DI

日銀短観の中でも調査企業に景気の状況を判断してもらう業況判断 DI がよく使われます。業況判断 DI のピークとボトムは景気の山と谷に一致します。DI は規模別・業種別となっており、重要度の高いのが大企業・製造業の業況判断 DI です。

たとえば、2002 年からの景気拡大局面では、大企業・製造業と中小企業・非製造業との景況感に大きく乖離が生じ、景気拡大の実感が乏しかったのですが、これは、こうした企業間格差にも一因がありました。このときの景気拡大局面は、外需主導であったため、内需依存度の高い中小企業、なかでも非製造業に属する企業は世界経済の拡大の恩恵を受けにくかったものと推測されます。

なお、業況判断 DI の実績値－前回予測値の正負が反転すると、景況感も反転する傾向があります。そのため、実績値と前回の予測値を利用することで景気の転換点や足元の景気の良し悪しを判断することができます。

④為替レート

通貨は、時として激しく変動します。その国の通貨は、主に国内物価水準などから評価されますが、どのような基準があるのでしょう。通貨の代表的な評価軸とも言えるものを 1 つ紹介します。「ビッグマック指数」です。

為替レートの決まり方として、物価水準が同じようになるところで決まる、という考え方があります。ある国の資金の購買力が、他の国の通貨でも等しい水準になるように為替レートが決定されるという考え方で、購買力平価説（Purchasing Power

Parity Theory: PPP）と呼ばれています。

　たとえば、ある物が、日本では150円、米国では1ドルである場合、為替レートが1ドル150円であれば、日本でも米国でもその物1単位を購買する力をもっており、購買力平価が成立していることになります。同じ品質の車が日本で100万円、アメリカで1万ドルで売られているとすれば、原理的には1ドルは100円であることがふさわしいしいと考えられるわけです。

　その購買力平価の計算方式として、マクドナルドのハンバーガー、ビッグマックの価格を用いた指数があります。イギリスの経済誌「エコノミスト」が発表したことが起源となっています。たとえば、日本でのビッグマックが320円、アメリカで3.73ドルとしたら、320円÷3.73ドル＝85.7が「ビッグマック指数」となります。このとき、為替相場の対ドルレートが1ドル87円と比較すると、（85.2－87）÷87＝－0.02となり、ビッグマック指数に比べて円は約2％割安という評価になります。

　ビッグマックの価格だけで為替レートを評価することには批判もありますが、ほぼ同じ内容のものの比較ができること、材料費、設備費、人件費、店舗賃料など、さまざまなコストが反映された価格であることを考慮すれば、国際的な比較をするうえで、便利な指標と言われています。

Column ⑦
お客さまに"気づいて"いただく声かけ

　声かけをすると言っても、やみくもな声かけでは効果はありません。投信販売においては、個人の資産形成の必要性に気づいていただくことが重要です。こちら側の伝えたい事柄にお客さま自身に気づいていただく、すなわちお客さまご自身に、自らの頭の中でひらめいた、自分が思いついた、自分自身の考え方だと思っていただくということが大切ですが、そのための方法は、「質問をすること」につきます。

　「セールスは断られてから始まる」とも言われますが、実際には、"断られない"工夫が重要です。セールスの現場においてはいったんお客さまに「NO」と言わせてしまうと、その後の説明で心が動いてきたとしても、自分の言った言葉を正当化するため、反論のための反論をされてしまいます。お客さまから「NO」が出ないよう、断らせないようにしなければ、話は簡単に終わってしまいます。

　お客さまに質問をして考えていただいたうえで答えを引き出す、そしてその答えに触れて、また次の質問をする、という順番を繰り返すことが必要です。

Column ⑧
『一に○○、二に○○、三に○○』

　『投資の大原則』という書籍(バートン・マルキール、チャールズ・エリス著、日本経済新聞社)に、このコラムのテーマと同じタイトルの章があります。さて、○○には何が入ると思いますか?

　この章では、次の5つの観点でまとめられています。

　まずは1つ目は、資産を1つのものに集中しないことを解説しています。米国で、秘書として働いていた女性が、退職積立金を、自分が勤める会社の株式に投資するプランを選択していた例を挙げています。彼女は、自社の株式だけに投資したわけですが、会社の株価は暴落して、退職積立金は消えてしまいました。すべての貯蓄を1つのものに集中的に投資することは間違いであったと説明しています。

　2つ目は、複数の資産に投資することについて解説しています。複数の種類の資産をもっていれば、リスクは軽減されることを説明しています。同じ経済環境、投資環境下でも、異なる価格変動をする資産に分けることを勧めています。

　3つ目は、複数の国々に投資することについて解説しています。たとえば、資産の中に自動車株を入れる場合、アメリカの自動車会社だけではなく、トヨタやホンダの株も入れることが賢明だと主張しています。普通の人たちにとって、そのような投資は不可能ではなく、1つのファンドで幅広く投資することは可能と説明しています。

　4つ目は、時間差を利用した投資について解説しています。すべての資産の投資を一時期に集中させないで、時間を分けて、時間をかけて投資することを説明しています。

　5つ目は、リバランスでリスクを軽減することを解説しています。リバランスとは、複雑なものではなくて、自分の資産の配分比率を定期的にチェックすることだと説明しています。

もう、おわかりでしょうか。

○○には「分散」が入ります。

同書の第Ⅲ章のタイトルは、「一に分散、二に分散、三に分散」です。

Column ⑨
行動ファイナンスと自動積立投資

　行動ファイナンスとは、認知心理学の観点から、現実の投資家行動を分析ようとする新しいファイナンス理論を言います。標準的なファイナンス理論では、投資家が膨大な情報を瞬時に認知・処理し、市中にあるすべての情報が価格に織り込まれていることが前提とされています。このような強い仮定を置くことなく、現実の投資家行動をうまく説明する枠組みとして、行動ファイナンスが注目を集めています。

　1979年、トヴァスキー（Tversky）とカーネマン（Kahneman）は、現実に見られる非合理的な投資家の意思決定過程を「プロスペクト理論」として体系化しました。この理論が行動ファイナンスの基礎です。

　プロスペクト理論では、投資家行動に見られる特徴として、以下の3つを前提としています。この前提を置くことで、たとえば、「損切りに躊躇し、利食いを急いでしまう」という現実の投資家行動をうまく説明することができます。

①参照点（何かを判断する際の基準となる点）からの相対評価

　投資家は、ある参照点との相対比較により評価・判断を行います。たとえば50万円という買値を基準（参照点）にする場合と、1,000万円という買値という買値を基準（参照点）にする場合とでは、同じ10万円という追加的な利益を得たとしても投資家の感じ方が異なると考えられます。

②追加的な利益獲得（損失確定）の可能性に対する魅力度（ためらい）の低減

　投資家は、参照点からの相対的な利益額が大きくなるにつれ、追加的に利益を獲得しようとする動機が弱まると考えられます。逆に、相対的な損失額が大きくなるほど、追加的に被り得る損失に対してためらいを感じなくなると考えられます（損失を確定させるほうが効用が下がるので、損切りができない）。

③損失回避的

　投資家は、参照点からの乖離の小さい範囲では、追加的な利益獲得よりも、追加的な損失発生の回避を優先させる傾向があります（少しの値上がりで効用が上がるので、あせって利食いしてしまう）。

　行動ファイナンス理論からは、投資家は合理的な行動をとることはなかなか難しいことがわかります。非合理的な投資行動を改善するためには、市場の動きに関係なく、継続的に、一定金額を投資する自動積立投資が有効です。
　平均購入コストを下げることによって、投資家の平均利回りはファンドの平均利回りを上回ることが期待されます。

PART 6

家計における投資信託の魅力

Scene 20 | 今度はお客さまにご説明できた！

　厚くんがお昼休憩から戻ってきました。たまきさんも丸椅子に腰掛けます。交替に、ほかのブースの先輩たちがお昼休憩に出ます。
　厚くんは、ブースの椅子に座り、午前中に対応したお客さまの入力記録内容について、たまきさんに確認してもらおうとしました。
「あのぉ、雪田さん」
　そう言って、うしろを向くと、西田課長がこちらのほうに向かって歩いてきます。
「雪田さん、支店長室に来てくれるかな」
「あ、はい」
　と、立ち上がってから、膝に置いているノートや資料を丸椅子の上に置きます。そして西田課長のあとについて、支店長室に向かいます。
　…厚くんは、雪田ブースに一人です。ブースに一人でいることに、初めて一抹の不安を覚えながら体をデスクのほうに向き直します。そしてロビーのお客さまの様子を眺めます。すると、こちらのほうに、少しためらい気味に歩いていらっしゃるお客さまがいます。
　厚くんは、とっさに、立ち上がります。
「あ、高島さま。いらっしゃいませ。どうぞ、どうぞ、お掛けください」
「あのぉ、もう少し、お話うかがってみようかと思って…」
「あ、はい」
「あれから、会社の同期とか、両親とかと話したんですよ」
「はい」
「会社の同期は、知ってる人が投資でソンしたっていう話を聞いて、こわいものって思ってるみたいで、それ以上は話せなかったんです」
「そうですか。それは株式のことでしょうか。通貨の取引とかでしょうか」
「さぁ、そこまで聞けませんでした」
「でもウチで、母に話したんです。こちらでうかがったことを。長い時間をかけて将来のために、って言われたこと。そうしたら、知らなかったんですけど、父が、株式を持っていて、マイナスになっているものもあれば、小さな企業の株式を買ったら、今では大きな企業に成長して株価が上がってるっていうのもあるらしいんです。

母は、株式のことはわからなくて、とにかく、銀行預金の残高が減らないように、それだけ気にしてやってきたようなんですけど、父が取引してる株式も、預金残高と同じくらいあるみたいなんです」

厚くんは、

「そうですか」

と、あいづちをうちます。

「母は、自分の名義の口座を持っていないんです。少し前に届いた『ねんきん定期便』っていうのを見て、だいたいいくらくらいの額がもらえるか、わかったらしいんですけど、たしか残ってる家のローンがあって、父が退職してから、もらえそうな退職金で終わるのかどうかとか、お金のことをあまり知らないことに気づいたって」

前回とは様子の違う高島さまの様子を目にして、逆に厚くんは少し緊張してしまっているようです。厚くんはひたすらお話をお聞きします。

「投資っていうと、もうかるとかソンするとか、そういうことばかりで、時々、いくつかの金融機関からDMが届くんですけど、開いて見てみても、何が書いてあるのかわからないんですって」

厚くんは、「きっと商品の資料のDMが届くんだろうなぁ」と心の中で思います。本店にいるときに、自分も携わっていた仕事のことを思い起こして。そして同時に、たまきさんのこんな言葉も浮かんできました。

　「商品の魅力だけをいくら説明しても、商品ありきのセールスでは、商品ごとに提案が分断されてしまうでしょ。コンサルティングを行うということは、これから見込める収入とか支出を考えて、リスクを嫌いすぎたり逆にリスクをとりすぎたりしないように、資産形成とか資産運用を行ってもらうために、資産全体の把握をして、お客さまのお気持ちを理解しながら提案していかないといけないと思うわ…」

　高島さまのお話は続きます。

　「トクとかソンとかっていうことではなくて、将来に備えて時間をかけて蓄えていくって、初めて聞いたって。そういうことなら、何か始めてゆっくり勉強していったら、ってそう言うんです」

　厚くんは、お客さまから"勉強"と聞いて、また1つ、たまきさんから教わったことを思い出しました。海外の銀行のwebサイトにあるフレーズです。

　Learning about money is as easy and enjoyable as spending it.
　（お金について知ることは、お金を使うことと同じように簡単で楽しいことです）

　「僕の座右の銘にします」と返事をした、会議室での勉強会の様子を思い起こします。すると厚くんは、自分で、自分の表情から少しカタさがとれたように感じたようです。

　高島さまは厚くんに質問します。

　「あのぉ…　時間をかけて蓄えていくって、どういうことなのか、聞いてみたらって」

　「はい。高島さま、お考えくださってありがとうございます。時間をかけて、将来に向けて準備していくにあたっては、まず1つ、複利の効果というものがあります。ただ単に、元本に利息が付いていくことを『単利』と言います。それに対して、利息にまた更に利息が付いていくことを『複利』と言います。利息にさらに利息が付いていくのですから、時間をかけることが"力"となります」

　「それって、掛け算だけではなくて、2乗計算になるってことですね」

　「はい。利率が低いとは言っても、時間が長ければ、違いとなってきます。それから、変動する商品の場合、利率は決まっていなくて、経済状況の変化によって市場は

変動することで、日々資産の額が変動します」
「そうそう、それがこわいんでしょ？」
「利率の決まった預貯金や国債のようなものよりも、高いリターンを得ようとする場合は、価格が変動する株式のようなものに投資することが１つの方法です。ただ、上がったり、下がったり、変動します。ですから、上がったときに投資して、下がったときに換金すると、それは"ソン"になるわけです。ですから、皆さん、タイミングを見極めようとするのですが、でも、市場の変動というのは、いわゆる"当てられる"ものではありません。専門知識があっても、簡単にわからないんです」
「そうなんですか？　それが勉強だと思っていました」
「多くの方がそう思われています。たしかに、おおまかに、経済の動きを感じることは必要かもしれません。たとえば、これからなんだか景気が良くなりそうだとか、悪くなりそうだとか、日本だけではなくて、ほかの国のことも、察することはしていたけると思います」
「いろいろなニュースを気にかけることでもできるのかしら」
「はい。そうですね。たとえば、こんな経済指標があります」
　厚くんは、お客さま向けの経済指標が載ったパンフレットをお渡しします。
「でも、市場の短期的な変動は、なかなかわかるものではありません。ただ、変動するものに投資するときに、同じ金額で一定額ずつ投資することをお勧めします」
「どうしてですか？　一定額って、いくらくらいですか？」
「上がったり下がったりをするものに投資をする場合、一度に投資をするのではなくて、一定金額ずつ時間を分けて投資をすると、たとえば、上がったときは少ない数量を買うことになって、下がったときには多い数量を買うことになるんです」
　厚くんはウェーブのジェスチャーをするように腕を動かします。
「一定金額ずつ時間を分けて投資する、ということには、時間を分けるわけですから、長く投資し続けることが必要になります」
「それが長い時間をかけて、っていう意味ですか？」
「そうです。もう１つ、大切なことがあります」
「何ですか？」
「投資するものを分けることです。高島さまのお父さまが、いくつかの株式に投資されていらっしゃることも、分けて投資されることの１つです」

「そうなの？」
「今おうかがいしましたお話ですと、2つの企業の株式に投資されたのですよね。小さな企業の株式にも…」
「実はもっといろいろ持ってるみたいです」
「ご自分でどの企業がよいのかご判断できる方はよいかと思います。でも、なかなか高島さまのお父さまのように、ご自分で企業を見極めることは難しいです」
「あ、でも、私、スマホでよくゲームするんですけど、これ作ってる会社、これから大きくなるんだろうなぁとか思いますよ」
「そういう感覚、とてもよいと思います。でも、ご自分のご資産のためには、さらに分けて投資されることをお勧めします。またお父さまのお話で恐縮ですが、どの会社も同じように利益を上げていくとは限りませんし、もっとお勧めしたいのは、株式という資産だけではなくて、債券とか、もっと申しますと、日本だけではなくて海外にも」
「そんなの絶対無理です」
「方法としては、投資信託という金融商品があります。株式もたくさんの企業に分けて投資しますし、種類によっては、債券にも投資します。それから、国内だけではなくて海外の資産に投資するものもあります」
「ほら、複雑になってくるとわからなくなります。日本のことだけでもわからないのに…」
「そうですね。経済学者は、経済を"地球儀"を見るかのように考えるんだそうです」
「へぇー」
「すみません。ちょっとご説明が長くなってしまいましたが、時間を分けるとか、投資する資産を分けるとか、そういうことで、変動を小さくすることができるんです」
「変動ですか…」
「先ほども申しましたとおり、長い時間をかけることが、大切なことの1つでありますことと、分けることが、もう1つ大切なことです」
「どっちも分けることですね」
「あ、おっしゃるとおりです。で、もっと大切なのは、高島さまの資産全体をどん

なバランスにしておくか、ということです」
「そんなこと言われても、私にはまだ財形くらいで、給料だって多くないし…」
「では、これは1つのご参考としてご覧ください」
　厚くんは、先ほどお客さまにお示ししたパンフレットのページをめくります。

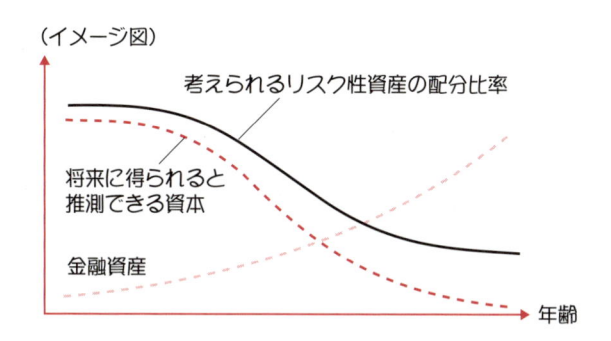

（イメージ図）

考えられるリスク性資産の配分比率

将来に得られると
推測できる資本

金融資産

年齢

「これは1つの考え方ですが、上の点線が、先々受け取っていくお給料と考えてください。若いときは、働く時間が何十年と待っているので、この先受け取っていく収入がたくさんあります。時間の経過とともに、定年が近づいてきて、将来得られるお金は少なくなっていくことを表しています。下の点線は、金融資産は、受け取る収入が蓄積されていって金融資産として置き換わっていく、と申しますか、金融資産として増えていくことを表しています。若いときは少なくて、年齢を重ねるほど多くなります」
「へぇ…」
「このことから、本来リスク性資産は、若い人ほど、多く保有することができる、と言えます。それがこの上の実線なんですけど、もし、値下がりがあったとしても、得られる賃金収入がありますし、先ほど申しました、一定金額ずつ、たとえば毎月とかで投資することによって、変動の割合を小さくしていくことができます」
「これって、そうすると、お父さんとお母さんのバランスってどうなんですか…？」
「ほかにもどのようなご資産があるのかとか、高島さまに、いずれ財産を引き継いでいってほしいのか、そうではないのか、それによっても、異なってきますから、何がよいのか、というのは、皆さまそれぞれで異なるんです」
「なんか難しい」

「そうですね。どうして難しいかというと、どちらのご家庭も、それからお客さまお一人おひとりで、希望が異なるからです。ただ、高島さまのご両親さまには、お父さまのご退職前に、一度ご資産全体を整理していただきたいと思います。そのようにお伝えくださいませんか」

「そうします。少し、投資のイメージが変わりました。それに知らないことを知るのって楽しいかも」

お客さまもお昼休みの時間を利用してご来店されたようで、いつまでもお話しし続けることはできずに、お帰りになりました。

厚くんは、お客さまにご案内できたこと、それから、もっとうまくご説明できたかもしれないと思うこと、いろいろ自分のノートに整理します。蛍光ペンを何本も使って。

Scene 21 | えっ、たまきさんが!?

今日もせせらぎ支店の営業時間が終わり、シャッターの降りる音が響きます。

いつものように、厚くんはカウンターに背を向けて、丸椅子に腰掛けているたまきさんのほうを向き、ひざづめで今日1日を振り返ります。

「雪田さんが支店長室に呼ばれているとき、また高島さまがご来店くださいました」
「そう」
「先日ご来店くださった日、会社の方や、ご家族ともお話しされたそうです。ご家族の方は、いくつかの金融機関でお取引されていらして、投資って、何がもうかるのかを考えることだと思っていたそうですが、そうではなくて、将来に備えて時間をかけて蓄えていく手段、と、たまきさんがおっしゃったこと、そのようなお話は初めて聞いたと言われたそうです」
「そうなの」
「いっぱいお話ししてくださいました」
「それはよかった。雪田くんは?」
「僕もいろいろご説明させていただきました。わかったことがあります」
「何?」

「僕、会議室で習ったときにまとめたノート、毎日見てたんです。少しずつ頭に入ってきたみたいで、それでようやく高島さまに自分からご説明できたように思います。難しいなって思ってたことも、自分でノートを見ながら、何度も計算したんです。だから自然にご説明できたのかもしれません」

「そお」

「高島さまは、まずは5千円ずつ始めてみるとおっしゃって、今日は資料と書類をお渡しして、持って帰られました」

「お一人おひとりに知っていただいて、利用してくださるお客さまを多くしていきたいわね」

「雪田さんはどうしていつもそう言うんですか？」

「どうして？　ん…厚み…かな」

「それ、僕の名前と同じじゃないですか」

「あら、そうね」

「限られた方たちにたくさん保有していただくより、多くの方に利用していただいてこそ、役割を果たせるっていうか…市場に厚みも増して、ひいてはお客さまのためでもあるっていうか…」

「あ、また僕の名前だ」

「まぁそれはともかく、ほかのお客さまは？　気になるお客さまとか、お答えできなかったお問い合わせとかは？」

「あ、田中さまがご来店されました。外国株式に投資するファンドをご検討されていらっしゃるとおっしゃられたので、ウチで販売しているファンドをいくつかご案内しました。でも、ちょっとひっかかるんです」

「ひっかかるって何？　何か気になるのね」

「そうなんです」

「何が気になるの？」

「それが何か…何だかわからないんですが…」

「自分の説明に？　それとも田中さまのこと？　田中さまにお聞きしたことを振り返ってみようか」

「はい。田中さまは、外国株式に投資する投資信託を検討されていらっしゃって、先進国の株式のファンドと新興国の株式のファンドのパンフレットをお渡ししたんで

167

すが…」
「田中さまは外国債券ファンドを保有されていらっしゃるわよね」
「あ、そうだ、それです。僕、ロビーでお客さまにパンフレットをお渡しすることをしていたとき、外貨預金のカウンターにいらっしゃるのをお見かけしたことがあるんです」
「そう。外貨建て資産のウェイトを高めていかれることはどうお考えなのかしら？」
「それです。今日はまだ商品を決めていらっしゃらなかったので、次にご来店された際に、金融資産全体に占める割合がどのくらいなのか、お聞きします」
「そうね」
「何だかもやもやしたままだったんですが、雪田さんに質問するのを習慣にしているので解決しました。よかったです」
「そういう習慣はもうそろそろ卒業しないとね」
「でも雪田さんの席はこの丸椅子なんですから、いいじゃないっすか」

突然支店長の声が響きます。
「全員、２階のホールに集合！」
皆、声に従って、それぞれ作業をいったん止めて席を立ち上がり、階段へ向かいます。みんながぞろぞろと階段を上がっていきます。厚くんの前には田辺さんがいます。田辺さんが振り向いて厚くんに話しかけます。
「雪田くん、ブースはどう？」
「緊張しますけど、毎日勉強です」
「たまきさんもお客さまに説明されてるの？」
「初めの頃は、途中で補足してくださいました。ここ数日は、シャッター閉まってから、その日の接客を振り返るときにアドバイスしてくださいます」
「ふぅん。雪田くんの独り立ちも近そうだね」
「いやぁ、まだまだですよ。雪田さんに質問するのが習慣です。さっき、もうその習慣は卒業しなさい、なんて言われました」
「え？」
全員がロビーに揃ったところで杉山支店長が前に出ます。
「みんな、今日もお疲れさん。今日、異動の発表があったから伝えます」

「こんな時期に？」

「え〜？」

異例な時期の発表に、ホールの空気が張り詰めます。

「当支店で１名」

一瞬静まります。

「雪田たまきさんが、本店営業部へ異動する」

「えーっ！？」

「雪田さんが？」

みんな一斉にたまきさんを探します。

たまきさんはえうしろのほうに、静かにたたずんでいます。みんなの動揺をよそに。

一人の大きな声が響きます。

「支店長っ、ちょっと待ってください！」

厚くんです。手を上げます。

「僕、困りますっ。絶対反対です」

厚くんの切なる声は、逆にみんなの動揺を少しやわらげることになりました。

「困るのは雪田だけじゃないぞ‐」

「雪田のためだけの雪田さんじゃないんだぞ」

杉山支店長が厚くんのほうに向かって言います。

「これは、人事異動です」
「僕は反対ですっ。うぅ…」

　みんなが階段を降りていきます。ざわざわしながら。たまきさんを囲んで。
「驚いたなぁ」
「私もです」
「営業部ってことは、支店をまわる仕事もあるんだろ？」
「はい。多分」
「そのときは連絡してよ」
「はい、そうします。ありがとうございます」
　その集団からだいぶ離れたうしろを、厚くんが降りていきます。隣には田辺さんがいます。
「異動なんだから仕方ないよ。雪田くんも異動でウチの支店に来たんでしょ」
「そうですけど、明日から僕はどうしたらいいんですか」
「課の先輩たちがいるじゃない。課長だって、あー見えて、知識豊富なんだよ」
「僕にわかるように説明してくれるのは、僕のインストラクターだけです」
「器がちっちゃいね」
「なんと言われても納得できません」
「あのね、人事異動に雪田くんの納得は必要ないんだよ」
「それでは人事じゃなくてヒトゴトです」
「うまいこと言うじゃない。まっ、元気出して。雨降って地固まるって言うじゃない。独り立ちせざるを得ない環境になるんだから、雪田くん、大きくなるってことよ。なかなか自分で雨は降らせられないものじゃない。ね」
「僕は雨は嫌いです」
「雨上がりの虹はきれいよ」
　田辺さんは厚くんをポンとたたいて、先に降りていきます。

　厚くんがブースに着いたときは、すでにたまきさんが丸椅子に座っています。
「雪田さん…」
「そういうことだから」

「僕…無理です」

「大丈夫よ」

「無理です。まだまだ…」

「自分で勉強すればいいのよ」

「だって、お客さまはいろいろな質問されるし…」

「会議室で勉強してきたことを振り返れば大丈夫よ。それに、お客さまの声が教科書だったりするのよ」

「どういう意味ですか？」

「真摯に向き合えば、たくさんヒントを見つけることができるのよ」

「たとえば？」

「私は課長や支店長にいろいろな報告をしたわ。"この言葉は伝わりにくい"とか、"ウチの銀行のお客さまにふさわしい商品は、きっとこういう商品"とか、お客さまに伝わりやすい資料を自分で作って、課長と支店長から本店に伝えてもらったわ。お客さまに接している私たちだからできることよ。お客さまに伝わりにくいとき、お客さまに説得しようとするのではなくて、早く伝わるように変えていかないと。テレビドラマが映画になった作品に、"事件は現場で起きている"っていうセリフがあるでしょ」

「雪田さん、テレビドラマ見るんですね」

「今までは、ひたすらお客さまに接することだけ考えてきたけど、本店で仕事するなら、これを座右の銘にしなくちゃって思うわ」

「だったら"現場"にいればいいのに… 今までの座有の銘はあるんですか？」

「今までは、そうねぇ。座右の銘とは違うかもしれないけど、"さるの毛を抜け"」

「サル？ 毛？」

「これは支店長から聞いた話。昔、大学で経済学部の学生が、先生に"どうしたらお金をもうけられますか？"って聞いたら、先生は"さるの毛を抜け"っておっしゃったんですって。MONKEYのKを抜くとMONEYになるでしょ。経済をなんと心得るか、って学生をたしなめる意味が込められてるって」

「意味がわかりません…」

「実を言うと私も。ただ、杉山支店長は、経済学は"お金もうけのための学問ではない"っていうニュアンスなんだろうなって言ってたわ」

171

「雪田さんもそう思っていらっしゃるってことですか？」
「そうね…コンサルティングに必要な知識のもととなる理論って、お金をもうけるためのものではないように思うの。支店長のその言葉を聞いてからはそう考え始めて…。何のために、どのくらいのリスクを引き受けながら資産を管理するのか、そのためのサービスが私たちの仕事なら、投資信託の販売はその中心だと思うわ」
「僕のこの支店での初日の杉山支店長の言葉を思い出します…」
「投資信託は難しい商品だけど、それはすなわち、いろいろな機能をもっているということ」
「はい。雪田さんに教えていただきました」
「だから、もっともっといろいろなお客さまに利用していただける"制度"よ。それに、国の経済を支える役割を果たせるわ。商品としてはもっと改良していけるかもしれない」
「改良…ですか？」
「そうよ。お客さまにとって、どんな商品であったら、もっと利用しやすいか。お客さまにご提案するだけではなくて、お客さまからの声も聞いていくのがこの雪田ブースよ」

「あ、そうだわ」
たまきさんが引き出しを開けて1冊のノートを取り出しました。
「これ、あげるわ。杉山支店長から教わったことばかりだけど」
「そんな大切なもの、いいんですか…？」
「私がこのブースに入る前に、毎日支店長室で支店長が勉強会をしてくれたの。投資信託の名著と言われる本に書かれていたこととか、ほかにもたくさん。雪田くんに話してきたことは、ほとんど支店長から教わったことかも」
「机に肘をつかないこともですか？」
「それは…」
たまきさんは軽く口元に手をあてます。厚くんが初めて見た、たまきさんの、少し恥ずかしそうな、やわらげな表情です。
「実は、それは、私のインストラクターから、私自身が注意されたことよ」
「え、そうだったんですか…」

「このノートに書いたことは、このブースで仕事をするために勉強したことよ。せせらぎ支店の"雪田ブース"の主は、明日から雪田くんだから、これは雪田くんのものよ」

　厚くんは受け取ります。受け取ったものの、ひざの上に乗せたまま開くことができません。そして沈黙の時間が流れます。一秒、一秒…。

「私、まだ挨拶できていない方に挨拶してくるから」

　たまきさんは立ち上がってフロアーのほうに歩いていきます。厚くんはひざの上に置いたままのノートの表紙をじっと見つめます。ノートを見てみたい気持ちと、開いたら、その時点でこのブースの主は自分になってしまうという思いと、たまきさんの文字が思い出の1つになってしまうという気持ちと、それから、このブースは僕のブースになる…という、今は、まだほんの少しの、覚悟に近い思いが入り混じります。

　そして…　そーっと開きました。

　1ページ目には、この1行だけ書かれています。

『歴史は理論を生み、理論は歴史を作る。』

「雪田さんって、字、きれいなんだ…」

　2ページ以降には、一番上の行に、タイトルのように一文書かれてあり、ピンクのマーカーが引かれています。

投資信託の本質は、中小投資家のための証券投資代行制度

　投資信託は、小口の資金をみんなで１つの大きな資金にすることで、一人ではできない分散投資や、専門家に調査や運用を託すことができる仕組み。「合理的な」仕組み。歴史的に理論的にも、小口での証券投資を容易にするための制度。

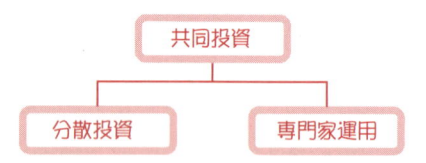

```
        共同投資
        ／    ＼
   分散投資   専門家運用
```

　投資信託の誕生は諸説あるらしい。
　投資先の調査や研究ができない人々がお金を出し合って大きな資金としたことから始まっている。本質は、中小の投資家のための「投資代行制度」。

　また、投資信託は「信託」の一種。信託の精神によって、個人の投資では難しいことを克服しようとするもの。投資上の困難を信託精神によって克服していく。
　信託とは、『自分（委託者）の信頼できる人（受託者）に財産権を引き渡し、一定の目的（信託目的）に従い、ある人（受益者）のために、受託者がその財産（信託財産）を管理・処分する』制度。

★投資信託のお客さまに置き換えて考えると…　お客さまには、それぞれに暮らしがあり、仕事がある。投資について費やす時間はわずかなはず。企業の調査や研究などはできない。家計資産での分散投資も困難。小口投資の不利益を免れさせることのできる制度。家計にとって、もっと身近な、基礎的な商品となり得る…。

　投資信託は公共的性格の強いもの。サービスに対する手数料をちょうだいすればいい

174

投資信託はいろいろなニーズに対応できる金融商品であるし、公的な金融を担う１つの金融商品。

　"かつてアメリカの投資信託が、積立投資や月掛投資の煩瑣をいとわず、積極的にこれを推進しているのは、すべてこのサービス精神の発露であり、投信の使命を認識してのこと"

「公共的性格の強いもの」とは　「サービス精神の強いもの」

★多くの人々、「家計」の資産形成、資産運用の手段として利用しやすいものとしては、「積立投資」ができるシステムの提供もサービスだから。
★運用する運用会社、販売する販売会社、資産を管理する信託銀行、そしてお金を投じるお客さま、皆の目的が異なっていると、公的な役割が損なわれてしまう。
★費用については、それが何に対する対価なのか、ご説明できるものでなければ…。

投資信託はインフレーションから守ってくれる守護神

　経済は生き物。景気も循環する。市場は常に変動する。インフレーションを引き起こすのは経済そのもの。株式にもコモディティ（商品）にも投資できる投資信託は、家計を貨幣価値の下落から守ることに利用しやすい制度。

★家計資産を「守る」ことができる手段として有効。ただ、インフレーションに対応する、ということをお客さまに知っていただくには…。

一部資産家や仕手筋のための市場から大衆のための市場へ、株式を、投機や支配の手段から、貯蓄財としての商品形態に変化させたものは投資信託

　「投機」のための市場だったのを、本来の「投資」のための市場へ「進化」させたのは投資信託だった。

通常、企業は銀行などからお金を借りてそれを元手に活動するから、一般的には、会社が利益を上げている状況は、少なくとも借入れ金利を含めた費用よりも収入が上回っていることになる。会社の収益を株価が反映しているとすれば金利以上のリターンが得られる、すなわち、会社の成長を享受できることになる。

　証券投資は、個人がリスクをとって資金提供し、そして会社の成長の分け前を得る、という経済行為。しかし、通常「家計資産」では、分散できる資金がなかったり、調査する時間や能力がないなどの不便がある。それらを解消する方法として有効なのが投資信託。

★でも、投資は、speculationではなく、invest。2つのイメージが混同されてしまって人々がなかなか「投資」に馴染めない理由は何だろう？「invest」が「投資」と訳されることにあるのではないか、という指摘もある。「お金を育てる」とかなら…？

==投資信託は、国民の企業への分配参与を推進し、拡大するための手段なのである==

　歴史を紐解くと、投資信託の使命は、証券の民主化の母体として、その推進機関として、資本主義の発達に貢献するところにある。

　家計にとっての投資信託の使命は、産業の利潤、長期的な経済の成長（地球儀的に俯瞰して）を、家計資産に分配すること。

★個人のお客さまができないことを補完する機能として利用していただくこと、同時に、金融や経済について知っていただくこと、それを通じて、お客さまによる「目利き」が厳しくなることが、お客さまのため、経済のため…。

このあとは、勉強会で出てきたリスクの計算やグラフ、コンサルティングの順序、お客さまへの質問事項などが書かれています。さらに、そよかぜ銀行で販売しているファンドの特徴や、毎月のリスクリターンの分析結果のメモなどがつづられています。

このたまきさんのノートは、せせらぎ支店の"雪田ブース"を引き継いでいく厚くんにとっての矜持(きょうじ)となることでしょう。

預貯金と違って、投資の必要性に、気づいていない方がまだたくさんいらっしゃるでしょう。投資信託の販売会社は、投信販売を通じて、どうして投資が必要なのかということに気づいていただくことが大切な役割です。でも、投資の必要性に気づいたとしても、自分でどうしたらよいのかわからない方も多いでしょう。投資信託を販売する金融機関の役割はそこにあります。

預貯金に過度な偏重をしているとしたら、そこから脱し、家計資産を、適切なポートフォリオとして保有することで、効率的な資産形成を行っていくことができます。そういう点では、リスク資産への投資代行手段である投資信託は、本来であれば、家計において基礎的な金融商品になり得るものと言えるでしょう。

限られた人に利用していただくのではなく、家計資産の基礎的な金融商品となるには、家計本位の視点に立って販売されなければなりません。

もし、投資信託をよく知らないまま不安を感じて、その結果、投資を控えている方々が多いとすれば、投信販売を通じて、コンサルティング営業の実践と家計ポートフォリオの適正化を実践することに努めていかなければなりません。

「共同投資スキーム」が投資信託の仕組みの原点です。これによって、小口投資、分散投資、専門家運用といった仕組みの合理性が実現されています。この仕組みの合理性が理解されれば投資信託はもっと身近な金融商品として普及するでしょう。

難しいのは、金融商品は、目で見て手で触れるものではなく、認識の限界があることです。魅力を直感的に体得することができないという性質をもっています。すなわち、説明がないと理解できません。そのための説明であり、販売です。

投資信託は、遠い将来のための資産形成、蓄えてきた資産を長持ちさせるための運用、それらの1つの手段です。合理的で高度な仕組みである投資信託を、いかにわかりやすくお知らせするか、投資の必要性について理解していただくか、それらも含めて、販売会社が担っていくべき役割を一言に表すとしたら、「コンサルティング営業の実践と家計ポートフォリオの適正化」にあるのではないでしょうか。

Column ⑩
「限界」「思い込み」を超えるには

　私たちは、知らず知らずのうちに自分で自分の限界を作ります。そして、自分で作った限界を変えられないもの、越えられないものと思い込んでしまいます。「これはできない。あれも無理…」「あの人のようにはなれない。これもやれそうにない…」。

　そうやって自分の限界をたくさん作り、その中だけで生活を続けるうちに何も変えられない自分になってしまいます。限界を越えられない最大の理由、それは自分自身、ということが往々にしてあるのではないでしょうか。「自分はこの程度だ」と思い込んでいるため、その程度の存在でいる、ということはないでしょうか。

　こうした限界や思い込みに関するお話をいくつか紹介します。

●エレファント・シンドローム
　サーカスのゾウは、まだ身体が小さい頃、どんなに暴れまわってもびくともしないような太くて頑丈な杭と絶対に切れないような強くて太いロープにつながれます。

　そして、そのうち学習するようになります。「暴れるだけムダ」「この杭とロープは絶対に動かないものなんだ」と学習します。そして、二度と暴れなくなるのです。そのように育てられたゾウは、大人になっても暴れません。もう十分に力があるにもかかわらず。しかも、頑丈な杭と太いロープではなく、細い棒切れとロープにつながれているにもかかわらず…。自分にはできない、そう思い込んでしまったからです。「できない」ということを学習してしまったのです。

●ノミの曲芸
　ぴょんぴょん跳ねるノミを、最初は5センチのコップ、次は3センチのコップ、次は1センチのシャーレに入れると、シャーレから出しても、飛ばずに歩くようになります。

　ノミはコップの中で何千回と飛んできたはずです。あと一度、飛べば逃げ

られるのに、飛ぼうとしないのです。

●丸ハナ蜂

　丸ハナ蜂は、羽が小さく体が丸いハチです。航空力学的には絶対飛べないそうです。でも、丸ハナ蜂はしっかり飛びます。それは、丸ハナ蜂が「飛べると思っているから」です。

●ペン・セントラル鉄道

　「ペン・セントラル鉄道」は、1968年、ペンシルベニア鉄道とニューヨーク・セントラル鉄道が合併して誕生した鉄道会社です。アメリカ東部地方を地盤とした世界最大の鉄道会社でしたが、1970年に倒産し、アメリカ鉄道史における悲劇として知られています。

　"史上最大の倒産に通ずる史上最大の合併"と言われたのですが、倒産の最大の原因は、ペン・セントラル鉄道が、自らを「鉄道会社」と思っていたことです。もしも、「輸送会社」と思っていれば、環境の変化にも対応できたはずと言われています。

　「今はできないかもしれないけれど明日はできているかもしれない」と思えたら、それは達成可能な真実になるかもしれません。厚くんも。

おわりに

　たまきさんと厚くんの物語、いかがでしたでしょうか。

　現実の投信販売や投資信託によるコンサルティングは、それぞれの販売会社、またそれぞれの支店や拠点で、お客さまにふさわしい姿を求めて、試行錯誤を繰り返していることと思います。

　特に、NISA（少額投資非課税制度）の開始によって、まさに、お客さまにとってメインパートナーとなれるかどうかの真価が問われることになるなか、非金融サービスと合わせた金融サービスの提供に取り組んでいる販売会社もあると思います。

　個人のお客さまに向けた金融サービスにおいては、さまざまなニーズに対応できる投資信託が、その中心に据えられることは間違いないでしょう。投資信託の原点は、「みんなでお金を出し合って大きな基金を作り、それによって、分散投資と専門スタッフによる運用・管理を実現する」ことです。世界で投資信託が根強く支持されているのは、その仕組みの合理性にあると指摘されています。わが国においても、それが多くの方に知られるところとなり、制度の原点と柔軟さが、お客さま一人ひとりの家計にとって、そして日本経済にとって、大きな役割を果たすことへ向かっていくものと思います。

　筆者の浅学、浅考にもかかわらず、ご指導、ご鞭撻、激励をくださっている日本証券経済研究所の杉田浩治氏に、深謝を申し上げます。投資信託の原点、歴史、現在・将来の世界の投資信託の姿についての氏の深い洞察、分析等は、わが国の投資信託の発展にかけがえのないものであり、貴重なご教示を賜りましたこと、心よりお礼申し上げます。

　また、執筆にあたり、ご指導くださったすべての皆さまにお礼を申し上げます。筆者の微力を補い、あたたかくご助言くださった方々、ありがとうございました。

　本書は、各PARTのインフォメーションを共に書き、これからの個人金融サービスにおける投信販売が目指すところや課題を示してくださった方の、その矜持をよすがに、まとめることができました。なお、文中にあり得べきいたらぬ点は、すべて筆者に帰すものであります。

　最後に、本書の出版にあたり、経済法令研究会 菊池一男氏には、企画段階から制作まで大変お世話になりました。ありがとうございました。謝意を表したいと思います。

　　　　　　　　　　　　　　　　　　　　　　　2014年2月　青山直子

■参考文献等■

- 江口行雄『投資信託発展史論』(ダイヤモンド社、1961)
- 日本投資信託制度研究所(編)『ゼミナール 投資信託の商品・サービス革命』(東洋経済新報社、1997)
- 北山雅一『ファイナンシャルプランナーのためのアセットアロケーション入門』(近代セールス社、1999)
- 大庭昭彦『行動ファイナンスで読み解く 投資の科学』(東洋経済新報社、2009)
- ジャスティン・フォックス『合理的市場という神話』(東洋経済新報社、2010)
- バートン・マルキール、チャールズ・エリス『投資の大原則』(日本経済新聞出版社、2010)
- ジョン・C・ボーグル『マネーと常識 投資信託で勝ち残る道』(日経BP社、2007)
- ピーター・L・バーンスタイン『証券投資の思想革命(普及版)』(東洋経済新報社、2006)
- 吉野直行・藤田康範(編)『金融投資サービス論Ⅱ』(慶應義塾大学出版会、2011)
- 「払拭されない「老後難民」への懸念」(フィデリティ退職・投資教育研究所レポート、2013.2)
- 野尻哲史『50歳から始めるお金の話 映画「草原の椅子」より』(小学館文庫、2013)
- 板谷俊彦『金融の世界史 バブルと戦争と株式市場』(新潮選書、2013)
- 竹内政明『名文どろぼう』(文藝春秋、2010)
- 小林孝雄・芹田敏夫(著)、日本証券アナリスト協会(編)『新・証券投資論Ⅰ―理論篇―』(日本経済新聞出版社、2009)
- 伊藤敬介・荻島誠治・諏訪部貴嗣(著)、日本証券アナリスト協会(編)『新・証券投資論Ⅱ―実務篇―』(日本経済新聞出版社、2009)
- ICI Profile of Mutual Fund Shareholders,2012
- ICI RESEARCH PERSPECTIVE OCTOBER,2013
- 「なるほど統計学園高等部」(総務省統計局) http://www.stat.go.jp/koukou/
- Australia and New Zealand Banking Group Limited (ANZ) web sight http://www.onepath.com.au/public/ms_anzlearn/8333.asp

- 青山直子『投資信託の基礎がわかる―ゴローちゃんのコールセンター日記―』(経済法令研究会、2003)
- 青山直子『投資信託の商品がわかる ゴローちゃんのコールセンター日記2』(経済法令研究会、2005)
- 青山直子『ゴローちゃんの投信コールセンター日記 郵便局の投資信託販売2』(経済法令研究会、2007)
- 青山直子『ゴローちゃんの投信コールセンター日記 ゆうちょ銀行・郵便局の投資信託販売3』(経済法令研究会、2009)
- 田村威・杉田浩治・林皓二・青山直子(著)『八訂 プロフェッショナル投資信託実務』(経済法令研究会、2013)

＜著者紹介＞

青山 直子（あおやま なおこ）

　　　　野村證券、公認会計士事務所、FP教育会社を経て、1998年野村アセットマネジメント投信入社。その後、野村アセット投信研究所、野村アセットマネジメントを経て、2009年からゆうちょ銀行に勤務。日本証券経済学会会員、早稲田大学ファイナンス研究センタービジネス情報アカデミー講師。CFP®。
　　　　主な著作として、『九訂 プロフェッショナル投資信託実務』（共著）、『投資信託の基礎がわかる－ゴローちゃんのコールセンター日記－』『投資信託の商品がわかる ゴローちゃんのコールセンター日記2』『ゴローちゃんの投信コールセンター日記 ～郵便局の投資信託販売～』『ゴローちゃんの投信コールセンター日記 郵便局の投資信託販売2』『ゴローちゃんの投信コールセンター日記 ゆうちょ銀行・郵便局の投資信託販売3』（以上、経済法令研究会）、『心にひびく、のこる投信販売力が身につくコンプライアンスAnswer』『女子にあまったお金はない』（以上、きんざい）がある。

顧客目線で考える　投信販売コンサルティングのきほん

2014年3月20日　初版第1刷発行	著　　者	青　山　直　子
	発　行　者	金　子　幸　司
	発　行　所	㈱経済法令研究会
	〒162-8421　東京都新宿区市谷本村町3-21	
＜検印省略＞	電　話　代表03(3267)4811　制作03(3267)4823	

営業所／東京03(3267)4812　大阪06(6261)2911　名古屋052(332)3511　福岡092(411)0805

カバーデザイン・本文レイアウト／㈱キュービスト　制作／菊池一男　印刷／富士リプロ㈱

ⓒNaoko Aoyama 2014　Printed in Japan　　　　　　　　　　　　ISBN978-4-7668-2334-9

　　　　☆経済法令グループメールマガジン 配信ご登録のお勧め☆
　　　　当社グループが取り扱う書籍、通信講座、セミナー、検定試験に関する情報等を皆様にお届けいたします。下記ホームページのトップ画面からご登録ください。
　　　　　　　　☆　経済法令研究会　http://www.khk.co.jp/　☆

定価はカバーに表示してあります。無断複製・転用等を禁じます。落丁・乱丁本はお取替えします。